GERHOCH REISEGGER · 11. SE

Gerhoch Reisegger

Die Bildbeweise 11. September

H

HOHENRAIN-TÜBINGEN

Diesem Buch ist eine Simulations-CD für den PC-Gebrauch beigefügt, auf der die *Bildbeweise* und -sequenzen in einer deutlich besseren Qualität betrachtet werden können. *Anwendungshinweise* finden Sie im Daten-Vorspann der Präsentation.

Die Deutsche Bibliothek – CIP-Einheitsaufnahme

Reisegger, Gerhoch :
11. September : Die Bildbeweise /
Gerhoch Reisegger .-
Tübingen ; Zürich ; Paris :
Hohenrain-Verl., 2004
ISBN 3-89180-072-X

ISBN 3-89180-072-X

© 2004 by Hohenrain GmbH,
Postfach 1611, D-72006 Tübingen
www.hohenrain-verlag.de
© 2006 3. Auflage

Gedruckt in Deutschland

Inhaltsverzeichnis

Vorwort

Manche Kritiker halten kritische Fragen über die Hintergründe und die wirklichen Geschehnisse um den 11. September 2001 für ›Verschwörungstheorien‹. Dabei ist es doch selbstverständlich, daß man fragt, um dieses unerhörte Ereignis besser zu verstehen, ja um es überhaupt erst aufzuklären. Bei einem so komplexen Vorgang ist es nur zu verständlich, daß kaum jemand über alle Facetten des Geschehens einen tatsächlichen Überblick und noch weniger einen belegbaren Kenntnisstand haben *kann*. Das liegt in der Natur der Sache. Wenn es – aus welchen Gründen auch immer – *nicht so war*, wie man mit medialem Trommelfeuer der Welt einzutrichtern versuchte, dann ist klar, daß hier Nebelvorhänge noch und noch aufgezogen und falsche Spuren gelegt wurden. Die Frage »*Cui bono?*« (Wem nutzt das?) weist auf die US-Regierung und das Establishment des Finanz- und militärisch-industriellen Komplexes hin.[1] Hier also nachzufragen kann daher nicht zielführend sein, und die ohnedies ohne Erwartung eines Erfolges gestellten Anfragen an die amerikanische FAA[2] oder das deutsche Luftfahrt-Bundesamt brachten auch genau dieses Ergebnis: ex USA *keine* Antwort, aus Deutschland ein Stück ›bedrucktes Papier‹ ohne Inhalt.

Zur Vernebelung gehören die zahlreichen ›*stories*‹ an Nebenfronten, die ›Expertisen‹ von (abhängigen) ›Experten‹, zahllose Theorien und Simulationen des Crashs und des Einsturzes sowie die ganze Betroffenheits-Literatur usw. Manche technische Detailerklärungen – z.B. über statisches Verhalten, die Veränderung der Festigkeit der Stahlträger bei Erhitzung – sind jeweils für sich richtige Wiedergaben heutigen Ingenieurswissens. Ob jedoch die Voraussetzungen im Einzelfall so gewesen sind, ist unbekannt bzw. gänzlich zweifelhaft bis unwahrscheinlich, und es handelt sich um Propaganda-Behauptungen, die sich ausschließlich aus der ›Logik‹ der behaupteten Theorie

---

[1] Dies haben wir umfassend in dem Buch *Wir werden schamlos irregeführt. – Vom 11. September zum Irak-Krieg* (Hohenrain, Tübingen 2003) dargelegt. Damit ist auch ein *hinreichend begründeter Verdacht* gegeben, daß die Dinge völlig anders liegen, als die US-Regierung und Medien der Welt weismachen wollen.

[2] Amerikanische Luftfahrt-Aufsichtsbehörde.

ergeben. *Wie* das komplexe Zusammenwirken der offiziellen Hypothese tatsächlich erfolgt sein könnte, kann überhaupt nur vermutet werden, denn man hat dies weder untersucht noch simuliert, ja die Untersuchungen wurden erst mit monatelanger Verspätung und nach Protesten begonnen, wobei Budget, Zeitrahmen und Untersuchungsauftrag so begrenzt waren, daß dies von zahlreichen Kritikern nur als Farce und explizite Nichtaufklärung bezeichnet wurde.

So kommt es, daß Fachleute, die sich in der Baustatik und den damit zusammenhängenden Fragen sehr genau auskennen, mit Kritikern und Zweiflern an den offiziellen Theorien doch manchmal aneinander vorbeireden. Wir bezweifeln *nicht* die jeweils ins Treffen geführten technischen Erkenntnisse, die alle *für sich* gewiß so sind, wie es eingewandt wird. Nur leitet sich daraus nicht zwingend ab, daß dies die *tatsächlichen* Ursachen für die folgenden Geschehnisse gewesen sind, weil – wie gesagt – die Prämissen gänzlich unbekannt sind. Noch weniger folgt daraus ein Beweis für die als ›fliegende Bomben‹ ins WTC oder Pentagon gekrachten Flugzeuge. All dies sind Indizien nur dafür, daß es so, wie eine große Mehrheit *glaubt*, gewesen sein könnte.

Aber eine noch viel größere Zahl an Sachbefunden und Fakten lassen sich in der offiziellen Theorie, den von crashenden Flugzeugen und dem davon ausgelösten Brand zum Einsturz gebrachten WTC-Türmen, offensichtlich nicht einfügen oder widerspruchslos erklären. Damit müßte bei wissenschaftlicher Betrachtung die offizielle Flugzeug-/Feuer-Kollaps-Theorie verworfen werden. *Was* also letztlich durch ein *komplexes Zusammenwirken* als Ergebnis herauskommt, bleibt immer eine Mutmaßung. Wir möchten gar nicht wiederholen, was unmittelbar nach dem Kollaps amerikanische Fachleute[3] zum Einsturz des

---

[3] Prof. VAN ROMERO, ein Sprengstoffexperte und früherer Direktor des Energetic Materials Research and Testing Center (nach anderen Quellen: Institute of Mining and Technology) am New Mexico Tech, sagte am 11. September: »Nach meiner Ansicht – und auf Grundlage der Video-Bänder – waren, nachdem die Flugzeuge die Türme trafen, Sprengladungen im Inneren des Gebäudes Ursache für den Kollaps der Türme.«
VAN ROMERO sagte ferner (alles Zitate): »Der Kollaps der (WTC-)Strukturen entsprach jenen kontrollierten Implosionen, die man anwendet, um alte Hochhäuser ›abzureißen‹ /zudemolieren.« »Es würde für welches Flugzeug auch immer schwierig sein, ein Ereignis wie jenes auszulösen.« »Es könnte eine relativ kleine Menge Sprengstoff an strategischen Punkten plaziert gewesen sein.« »Der Sprengstoff würde vermutlich an mehr als zwei Stellen in jedem der beiden Türme angebracht worden sein.«

WTC sagten – und ohne Begründung – wenige Tage später durch gegenteilige Statements ›relativierten‹. Wir möchten auch nicht mutmaßen, warum die längste Zeit keine Untersuchung überhaupt stattfand,[4] und schließlich, wegen der öffentlichen Kritik, eine Farce – faktisch

---

ROMERO zog mysteriöserweise später alles, was er gesagt hatte, zurück und »nahm die offizielle Version des WTC-Kollaps an«, ohne seine Gründe dafür bekanntz geben. Er änderte einfach seine Meinung,

Die (ursprüngliche) Erklärung des Experten VAN ROMERO, daß der WTC-Kollaps eine *kontrollierte Sprengung* war, wird von einem Augen- und Ohrenzeugnis aus erster Hand gestützt, vom sachkundigen Feuerwehrmann Louis CACCHIOLI. Louis CACCHIOLI, 51, ist ein Angehöriger der 47. Einheit in Harlem mit 20jähriger Erfahrung.

»Wir waren die ersten im zweiten Turm nach dem Crash des Flugzeugs. Ich fuhr im Aufzug mit Feuerwehrleuten zum 24. Stock hinauf, um Position zu beziehen und die Menschen zu evakuieren. *Bei der letzten Fahrt ging eine Bombe hoch. Wir glauben, daß im Inneren des WTC eine Bombe gelegt war.* Ich hatte gerade einen anderen Feuerwehrmann gefragt, mit mir mitzukommen. Das war ein Glück, denn wir waren im Inneren des Aufzugs gefangen, und er hatte Werkzeuge, um uns zu befreien.«

Die offizielle Story, daß die WTC-Stahlträger sich wegen des heftigen Diesel-Feuers verbogen und nachgaben, ist durch absolut nichts begründet, insbesondere nachdem New Yorks Bürgermeister RUDI GIULIANI sich so beeilte und nahezu alle Beweisstücke als Schrott verkaufte.

Diese ›Untersuchung‹ wurde von der F.E.M.A. und der American Society of Civil Engineers in Auftrag gegeben, und ihre Ergebnisse wurden Ende April 2002 bekanntgegeben, obwohl sie schon Ende März an die Presse durchsikkerten. Besonders nachdem »zahlreiche Struktur- und Feuerschutz-Maßnahmen des Entwurfs und des Bauwerks (des WTC) besser als die Mindestanforderungen waren«.

Eine noch stärker selbstverurteilende Information kam vom Team des Gerichts: »Bis zu diesen Ereignissen (des 11. September) ist noch kein einziger Kollaps einer gegen Feuereinwirkung geschützten Stahlkonstruktion, den am meisten verbreiteten bei kommerziellen Bauwerken in den USA, je durch ein Feuer verursacht worden.« »Bisher wurde eine durch Feuer verursachte Einsturzgefahr für Stahlstruktur-Gebäude als nicht existent angesehen.«

[4] Der Herausgeber des *Fire Engineering*'s Magazins, William MANNING, beschwerte sich über die Fortschaffung der Stahltrümmer des WTC, *bevor* noch irgendwelche Untersuchungen erfolgten, die über die Ursache der bisher größten Einsturzkatastrophe eines Hochhauses Aufschluß hätten geben können. William MANNING veröffentlichte in der Januar-Ausgabe einen »Aufruf zum Handeln« an Amerikas Feuerwehrleute und Feuer-Ingenieure, sie sollten von ihren Abgeordneten im Kongreß und der Regierung in Washington einen unabhängigen («*blue ribbon*«) Ausschuß fordern, um den Kollaps der WTC-Strukturen gründlich zu untersuchen.

ohne Budget, mit einem total eingeschränkten ›Untersuchungsauftrag‹ und mit Vorenthaltung von Beweisen/Dokumenten – einer ›Untersuchung‹ nur *inszeniert* wurde. All das ist nicht zu verstehen und kann nur den Verdacht verstärken, daß hier die wahren Geschehnisse vertuscht werden sollen.

Wir sind im wesentlichen so vorgegangen, daß wir die ›Beweise‹ für das Geschehen ansahen, und überprüften, ob sie die offiziellen Erklärungen decken. Das scheint nicht der Fall zu sein. Unsere Betrachtungsweise war – wie wir denken – mehr ganzheitlich,[5] wenngleich von der öffentlichen Diskussion beeinflußt, genötigt, auch auf Details einzugehen, was wir besser unterlassen hätten, weil es wie ein von uns angeführter ›Beweis‹ für die vertretene Ansicht aussah, obwohl sie eigentlich weder nötig noch im strengen Sinn beweisend waren. So war manches auch nichts weiter als die Zurechtweisung absichtlich falscher Angaben/erweckter Eindrücke. Was einerseits als Amateurvideos abgetan, aber zugleich auch zu den wirklichen Beweisen erklärt wird, sind unserer Ansicht nach *keine* von Amateuren gemachten, sondern sorgfältig geplante Fälschungen, wofür schon die Wahl der Aufnahmeorte oder die erkennbare Bildfrequenz jener Bilder, die die *Sprengung* des Südturmes dokumentieren, spricht. Einerseits sind einige der Kamera-Positionen für ›Amateure‹ faktisch nicht (unter welcher Begründung auch?) wirklich zugänglich, andererseits sind Bildfrequenzen von mehr als 25 B/sec auch für Profikameras des Fernsehens unüblich, wie uns ein ORF-Kameramann auf Befragen sagte, und bei ›Amateur-Kameras‹ überhaupt undenkbar. Es ist schließlich unverständlich, warum man solche Fälschungen als Beweise eines ganz unerhörten Verbrechens präsentiert, wenn man ›bessere‹ – also echte – Beweise hätte. Und es ist auch so: Diese Fälschungen sind nicht in Minuten zu fabrizieren, sondern es bedarf eines generalstabsmäßigen Vorlaufes – und damit einer entsprechenden Absicht. Der Schluß ist also: Die Beweise sind falsch – und offensichtlich *systematisch* gefälscht. So fällt die damit ›bewiesene‹ Story in sich zusammen. Was diese Schlußfolgerungen – und die nachfolgend diskutierten Bilder und anderen Umstände – natürlich nicht tun, ist *einen* oder *die* Täter im Sinne des Strafgesetzes zu überführen. Man kann nur eine Gruppe ausschließen – die ›islamischen Hobbyflieger‹ – und, da andere Täter nicht sichtbar sind, schließen, *wer* – als Gruppe - dafür dann nur noch in Frage kommen *kann*.

---

[5] Siehe *Wir werden schamlos irregeführt!*, Hohenrain-Verlag, Tübingen 2003.

Der Schluß, daß die Türme gesprengt wurden, ist zwingend, wenn keine Flugzeuge für die Schäden in Betracht kommen. *Wie* man die Sprengung nun konkret durchgeführt oder vorbereitet hat, ist aus diesen Ausführungen natürlich ebenfalls nicht ›beweisbar‹, nur daß es Sprengungen gewesen sein müssen, mangels anderer Ursachen, ist klar, weil niemand sich vorstellen kann, wie sonst der Einsturz bewirkt worden wäre. Die gelegentliche Frage, wie die Verminung bewerkstelligt worden sein könnte, wäre durchaus eine KO-Frage, wenn es ›islamische‹ oder andere ›unbefugte‹ Verbrecher gemacht hätten, denn die können Derartiges in der Tat nicht im Verborgenen durchführen. Bei einem ›Staatsverbrechen‹ ändert sich die Lage aber völlig. Hier sind alle geheimdienstlichen Institutionen, die Macht einer Exekutive, die Hierarchie usw. in der Lage, solches ›verdeckt‹ zu machen, sofern die Mitwisser dies decken.[6] Daß man dies erreichen kann, glauben wir allerdings auch. Es gibt eine lange Reihe von Beispielen, bei denen dies in der Vergangenheit der Fall war. Es wäre dies also nichts Neues oder Ungewöhnliches, überdies ist es sogar ausdrücklich erklärtes Mittel der US-Politik, wie wir in einer Neuauflage des erwähnten Buches *belegt* nachgetragen haben.[7]

---

[6] Kenner der geheimdienstlichen Verhältnisse, wie Andreas VON BÜLOW, früherer SPD-Minister, Horst EHMKE, ebenfalls Minister einer SPD-Regierung, und Eckehard WERTHEBACH, früherer Präsident des deutschen Inlandsgeheimdienstes, sprachen unmittelbar nach dem Ereignis die Ansicht aus, daß ein derartiges Terror-Unternehmen nicht ohne die Unterstützung von Geheimdiensten durchführbar sei. Siehe *Wir werden schamlos irregeführt,* ebenda, S. 381.
Andreas VON BÜLOW hat inzwischen ein weiteres Buch, *Die CIA und der 11. September – Internationaler Terror und die Rolle der Geheimdienste* (Piper, München 2003), herausgebracht, in dem er »vehement der offiziellen Version der Anschläge vom 11. September widerspricht: Ohne geheimdienstliche Unterstützung war eine solche Operation nicht durchzuführen. Seine brisanten Thesen sind ein Angriff auf die Verlogenheit der CIA. Nur Stunden nach dem Terroranschlag vom 11. September hatte die US-Regierung Fotos und Steckbriefe aller Attentäter, wußte sie Bescheid über alle Drahtzieher und Hintermänner. Und blitzartig war auch Präsident BUSHS Strategie gegen die Mächte des Bösen fertig. Zufall? Andreas VON BÜLOW zweifelt die offizielle Version vehement an«. (Klappentext)

[7] Anläßlich des 11. Kongresses »Mut zur Ethik« vom 5. bis 7. September 2003 in Feldkirch sprach unter anderen ein Mr. Robert MAGINNIS aus den USA. Sein Vortrag war eine authentische Interpretation der US-Sicherheits-Doktrin. MAGINNIS ist ›*Senior Defense Analyst*‹ und arbeitet als Berater des Pentagons. Er ist auch Journalist und ›*Military Advisor*‹ für UPI

Entscheidend ist also die Tatsache oder Nicht-Tatsache der Flugzeuge. Die Nicht-Tatsache der Flugzeuge wird in diesem Buch mit den Fakten, den von uns angewandten Methoden und Skizzen/Rechnungen – also ›naturwissenschaftlich‹ – nachgewiesen[8]. Dies ist zunächst eine Feststellung, die der Leser glauben kann oder nicht. Allerdings erlaubt uns unser naturwissenschaftliches Weltbild nicht, die hieraus abgeleiteten Schlußfolgerungen aus ›ideologischen‹ Gründen etwa *nicht* anzunehmen.

Wir sind uns aber doch gewiß einig, daß die Anschläge insgesamt als *eine zusammengehörige Einheit* zu sehen sind. Vier Flugzeuge sind angeblich entführt worden, wobei drei – angeblich – ihre Ziele erreicht haben und Zerstörungen verursachten. Das vierte soll abgestürzt sein. Hier sah man nicht viel, nur ein – kleines – Loch und einen Rauchpilz, wie ihn Raketen nach sich ziehen, nachdem sie explodiert sind

---

und den Fernsehsender FOX, für den er in jüngster Zeit 200mal Live-Sendungen machte. Seine Sendungen über nationale Sicherheit und außenpolitische Angelegenheiten werden im größten – 800 Stationen umfassenden – TV-Netz verbreitet. Im übrigen ist er ein Vertrauter der obersten Führung, da er beinahe wöchentlich – nach seinen Angaben – unter anderem mit Verteidigungsminister D. RUMSFELD oder Vizepräsident R. CHENEY zu Gesprächen zusammentrifft. MAGINNIS ist also im innersten Kreis zu Hause, und er sagte selbst, daß er einen »geradezu unüblichen Zugang zur US-Regierung« habe, auch zu jenen »kleinen Gruppen«, wie der ›Military Analyst Group‹, der neben RUMSFELD, Generalstabs-Chef MYERS die Spitzen des Stabes angehören. Er plant auch, sich demnächst auf Einladung von General MYERS in den Irak zu begeben, sofern der amerikanische Statthalter des Iraks, Paul BREMER, diesem Besuch zustimmt. Er selbst betrachtet sich als »Teil der Presse« und würde dafür – als Pressemann – sein Gehalt bekommen.

MAGINNIS' Vortrag sollte das ›Wie‹ der amerikanischen Politik näherbringen, ohne daß er darauf eingehen wollte, was hier ›richtig oder falsch‹ sei, und er betonte auch, daß er nicht seinen persönlichen Standpunkt darlege, sondern die US-Politik, wie sie zur Zeit fixiert sei und durchgeführt werde. Es ging hier natürlich nicht um die Person des Vortragenden oder ob er sich damit identifiziert oder nicht, sondern um das, was er glaubwürdig als Essenz der US-Politik ›transportierte‹: den *Krieg als Mittel der US-Politik.*

[8] Das klingt etwas hochgestochen, aber außer Grundkenntnissen der Mathematik/Physik der gymnasialen Mittelstufe – PYTHAGORAS, euklidische Geometrie, Sinus und Cosinus, etwas Strahlenoptik, einfachste Bruchrechnungen mit einer Unbekannten und das Kausalgesetz – wird nichts darüber Hinausgehendes vorausgesetzt.

und mangels weiteren ›Brennstoffs‹ sich eine pilzförmige Rauchwolke in die Luft erhebt. *Keine* Trümmer eines großen Flugzeugs. Im Pentagon kann man die Löcher auf Fotos betrachten, die den Kurs des Geschosses nachvollziehen lassen und die dergestalt sind, daß dafür niemals eine kommerzielle Verkehrsmaschine in Frage kommt, sondern eine Luft-Bodenrakete mit einem ›*penetrating warhead*‹. Hier ist die offizielle Lüge am offenkundigsten. Es fehlt das Flugzeug, und das Loch – im dritten Gebäudering – ist wie ausgestanzt mit 2,3 Metern Durchmesser. Wo ist das Flugzeug, was ist mit den Passagieren, wer soll es entführt haben? Fragen, die nicht wir, sondern die US-Behörden zu beantworten haben. Allein dieses Beispiel müßte den Verdacht hinreichend bestärken, daß auch in den WTC-Fällen die Story genauso gefälscht und lügenhaft ist. Was begründete den Unterschied zwischen den Vorgängen beim WTC und Pentagon?

Solche Fragen sind nun keine naturwissenschaftliche Beweisführung, aber nichtsdestoweniger ist sie logisch. Ideologisch ist daran nichts. Wie es auch nicht ideologisch ist, bei der Beurteilung der Motive den Bankrott der USA zu diagnostizieren oder die politischen Konzepte von BRZEZINSKI und HUNTINGTON zu diskutieren. Auch die Frage »*Cui bono?*« ist nicht ideologisch, sondern die übliche Methode, die möglichen Richtungen der Untersuchung zielführend einzugrenzen.

Wenn man bedenkt, wie in den – abhängigen – Medien Sprachregelungen, tollste Räuberpistolen, wilde Veränderungen betrieben werden, so verwundert das doch sehr. Hat nicht GOETHE gesagt, daß die Wahrheit keine Krücken (und staatliche Gewalt) brauche? Sie kann allein stehen, die Lügen hingegen bedürfen ihrer. Alles spricht gegen die offiziellen Darstellungen. Die Kritik daran wird – wie bequem – als ›antisemitisch‹ diffamiert, selbst wenn man hier nicht einmal anstreift, weil damit in Deutschland am bequemsten ein ›Ende der Debatte‹ verordnet werden kann.

Aber es sind inzwischen doch viele, und keineswegs Dummköpfe, die die US-Stories nicht mehr glauben. Wir haben uns redlich und mit ziemlich weit gestecktem Umfang dem Problem gewidmet. Daß Lücken, Fehler und Mängel trotzdem unvermeidlich sind, ist zugestanden. Es ist dies auch eine Frage des möglichen Aufwandes und der verfügbaren Zeit. Einen grundsätzlichen Irrtum kann es jedoch nicht geben.

Das Imperium schlägt zurück

Seit einiger Zeit hat man den Eindruck, daß das Imperium zurück-
schlägt. Im Internet sind es Hunderttausende, die über die wahren
Vorgänge und Hintergründe des 11. September korrespondieren. Keine Bibliothek könnte eine solche Fülle von Fragen, möglichen Antworten, aber vor allem auch zahlreichen Fakten, jedem, der diese sehen will, auch auf den Tisch legen. Es gibt also eine weltweit
wachsende Gruppe von Menschen, die sich eigenes Nachdenken nicht
verbieten lassen und die die offenkundigen Lügen offizieller Erklärungen nicht nur nicht (mehr) schlucken, sondern diese wirkungsvoll
zurückweisen und die Wahrheit aussprechen.

Wenn also trotz einer gigantischen weltweiten Medienkampagne
die Zahl der Zweifler immer stärker anwächst, fast ein Drittel der
Unterdreißigjährigen in Deutschland den 11. September für einen ›inside-job‹ der US-Regierung hält, öffentliche Veranstaltungen zu diesem Thema stattfinden, die trotz Totschweigens der Medien berstend
voll sind, dann wissen die ›Eliten‹ aus Politik, Medien und Finanz,
daß Feuer unterm Dach ist. Die Gegenmaßnahmen sind daher auch
sehr plötzlich und geradezu mit Brachialgewalt initiiert worden. Das
Strickmuster ist altbewährt – und bekannt.

1. Man verunglimpfe Kritik, allein die Suche nach möglichen Erklärungen als Verschwörungstheorien und die solches Unternehmen-
den als Spinner, Antisemiten, Neonazis, Lügner usw.

2. Man verlagere die Diskussionen von rationalen Fragen und Sach-
themen weg hin zu emotionalen Betroffenheits-Ritualen; also man brin-
ge Interviews Hinterbliebener, angeblicher ›Augenzeugen‹, ›Testimo-
nials‹ usw.

3. Man erkläre Fragen zu oder Mißtrauen in widersprüchliche Räuberpistolen als Schändung des Andenkens der Opfer und die Frage-
steller als pietätlose, unpatriotische Gesellen.

4. Man produziere neue Beweise wie das angeblich erst zwei Jahre
später entdeckte Video eines Tschechen, Pawel HLAWA, das sogar *beide* Flugzeugcrashs ins WTC auf *einem* Film enthalten soll, und erkläre
diesen merkwürdigen Umstand der reichlich späten Veröffentlichung
mit Sprachschwierigkeiten und Nichterkennen der Bedeutung dieses
Videos durch den filmenden Amateur.

5. Man starte eine Medienkampagne mit Sprachregelung, bei der die Leitmedien zwar nicht auf die offenen Fragen eingehen, dafür um so öfter stereotype Phrasen dreschen, bis diese – vermeintlich – zu einer kanonischen Wahrheit werden. Und so weiter.

Für Deutschland ist hier der *Spiegel* ein Leitmedium. Aus langjähriger Gewohnheit halten sich die Leser des *Spiegels* selbst für kritische Intellektuelle. Das mag sein, wie es ist, aber selbst wenn es sich oft um eine eigene Überschätzung handeln mag, so war die Primitivität und großkotzige Vorgehensweise, der Mangel an Argumenten und die sichtbar untergriffigen Behauptungen den Lesern des *Spiegels* denn doch zu viel. Sie protestierten in großer Zahl, als sie merkten, daß man sie nur noch auf dem Niveau von Analphabeten abzuspeisen versuchte. Die zustimmenden Leserbriefe – »Wenn wirklich Raketen in Pennsylvania oder im Pentagon niedergegangen wären, wieso fehlen dann zeitgleich in so vielen Familien Väter, Töchter und Söhne, die als. . . Passagiere unterwegs waren?« – sind freilich nur peinlich. Sie argumentieren mit der Logik von Christian MORGENSTERNS Kuddeldaddeldu, der auch »schloß messerscharf, weil nicht sein kann, was nicht sein darf«.

Das sind bemerkenswerte Indizien einer Veränderung der Wahrnehmung im deutschen Volk. Es gehört dieser Leserprotest wohl in dieselbe Kette von Ereignissen, die mit der Rede Martin WALSERS in der Paulskirche und den stehenden Ovationen für ihn begann, sich fortsetzte mit dem nicht endenwollenden Applaus für Präsident PUTIN anläßlich seines ersten Besuchs in Berlin, als er die Frage nach »Einschränkung der Pressefreiheit« (mit Bezug auf GUSSINSKI und BERESOWSKI) als Maßnahmen der Justiz gegen Wirtschaftskriminalität abblitzen ließ.

Die Deutschen merken es langsam, daß man ihnen seit Jahrzehnten nur volkspädagogische ›Wahrheiten‹ vorsetzte und sie zu glauben nötigte. In obigen Beispielen wurde die Gelegenheit zum Protest in effektiver Weise genutzt – und der *Spiegel* wie die anderen Leitmedien werden zur Kenntnis nehmen müssen, daß es nicht mehr genügt, die ›Gewißheit der Leitmedien‹ mit allen Mitteln der psychologischen Kriegführung den Menschen einzutrichtern. Die Zeiten haben sich geändert.

NZZ, 23./24. Aug. 2003

Angstlust auf perfide Betrüger

Über das Eigenleben von Verschwörungstheorien

Die Anschläge des 11. September haben eine Vielzahl von Verschwörungstheoretikern mobilisiert. Ihr Leitmedium ist das Internet. Bush und seine Entourage gelten dabei als das Böse. Allerdings finden derlei Meinungen nicht nur in extremen Zirkeln Anklang.

Der 11. September 2001 ist auch ein GAU für die Glaubwürdigkeit der Medien. Die Hamburger Wochenzeitung «Die Zeit» veröffentlichte Ende Juli die Ergebnisse einer Meinungsumfrage unter 1010 repräsentativ ausgewählten Deutschen: Nur 27 Prozent der Befragten glauben, dass Presse, Radio und Fernsehen ihnen die ganze Wahrheit über den Anschlag auf die WTC-Türme in New York mitgeteilt haben. 31 Prozent der Unterdreissigjährigen halten sogar für möglich, dass die US-Regierung das Attentat selber inszeniert haben könnte. Während die führenden Massenmedien in Europa und Amerika wie die Regierungen von einem Angriff islamistischer Terroristen ausgehen, verbreiten sich ausserhalb dieser Öffentlichkeit und offenbar auch kaum durch sie beeinflussbar ganz andere Gewissheiten.

Hochkonjunktur

Verschwörungstheorien haben Hochkonjunktur. Ihr Leitmedium ist das Internet. In den Hauptstrom der Meinungsbildung werden sie jetzt aber zunehmend auch durch Bücher eingespeist, deren Autoren bei öffentlichen Veranstaltungen Massen anziehen. So wollten am 30. Juni über tausend Menschen hören, was sieben Publizisten über den «inszenierten Terrorismus» des 11. September im Audimax der Berliner Humboldt-Universität zu berichten wussten. Für den 7./8. September ist eine Folgeveranstaltung angekündigt. Der WDR-Film «Aktenzeichen 9/11 – ungelöst», der ebenfalls eine Beteiligung von US-Geheimdiensten nahelegt, hatte nicht bloss bei seiner Erstausstrahlung eine hohe Einschaltquote. Er wurde bisher auch zweimal im Programm des Dokumentarkanals Phoenix wiederholt.

Das Buch «Verschwörungen, Verschwörungstheorien und die Geheimnisse des 11. 9.» von Mathias Bröckers, einem ehemaligen Redaktor der linksalternativen «taz», ist beim Buchversand Zweitausendeins zum Bestseller geworden. Dort hat man schon seit Jahren viel Geld mit Esoterik verdient und produziert jetzt mit Erfolg die Enthüllung der politischen Geheimnisse dieser Welt. Mehr als 130 000 Exemplare sollen nach Presse-

berichten bisher davon verkauft worden se Schon ist ein Folgeband erschienen, der «Dokumentation der gesicherten Ungereimth ten» in der offiziellen Lesart des Verbrechens v spricht. Auf dem Markt konkurrieren die B ckers-Titel mit dem dickleibigen Taschenbu «Operation 9/11», in dem Gerhard Wisnews der Autor des WDR-Films, seine Fernsehthes noch radikalisiert. Und auch der ehemalige Bu desminister und Geheimdienstexperte Andre von Bülow liess am 31. Juli ein neues Buch a liefern, das in seinem Titel («Die CIA und ⊂ 11. September») schon die Stossrichtung anzei

Nach einem ähnlichen Muster

Alle diese Bücher folgen einem ähnlichen Mu ter. Akribisch mustern die Autoren die bisher v öffentlichten Angaben der US-Regierung u ihrer Dienststellen zu Verlauf und Hintergru des Anschlags. Sie vergleichen diese Informati nen mit Presseberichten zum Thema und zieh vor allem Informationen aus dem Internet hinz Bei allen Unterschieden im Detail halten d Autoren folgende Umstände für klärungsbedü tig: Identität, Flugtauglichkeit und Verhalten d 19 Attentäter; die Widersprüche in den Bericht über die Mobiltelefonanrufe aus den entführt Maschinen, aus denen wesentliche Information über den Ablauf der Taten gewonnen wurde; d Beschaffenheit der Flugzeugüberreste an den A sturzstellen im Pentagon und in Shanksvill Pennsylvania. Schliesslich erregt das Nichtei greifen der amerikanischen Flugsicherung erhe liches Erstaunen.

Hartnäckig nachzufragen, wenn die offiziöse Angaben nicht überzeugen, gehört zum publizist schen Geschäft und ist Teil investigativer Reche chen. Und angesichts dessen auch von «Mainstream Medien» wie «Washington Post» und «Ne York Times» berichteten Widerstands des Bus Regierung gegen die Ermittlungen des Parla mentsausschusses zum 11. 9. ist solches Insistie ren gewiss berechtigt. Die radikalen Kritiker d amtlichen Version der Anschläge vom 11. 9. be gnügen sich aber nicht, auf Widersprüche un Lücken hinzuweisen, sondern leiten aus solche Schwächen gleich suggestiv die Legitimation eige ner Spekulationen ab. Und da beginnt die Zon abenteuerlicher Verschwörungstheorien, die ein bizarre Wahrheit suggerieren, ohne dafür hand feste Beweise vorlegen zu können: Die «Bush Junta» (G. Wisnewski), «ein Regime verrückte Petro-Nazis», hat «das Weisse Haus geentert un den 11. 9. geschehen» lassen «bzw. mittels eige ner Geheimdienste und denen befreundete Nationen aktive Unterstützung» geleiste (M. Bröckers).

Im Einzelnen gibt es auch hier Unterschiede doch herrscht Übereinstimmung darüber, dass di Flugzeuge wahrscheinlich vom Boden ferngesteu ert wurden, wobei die echten Passagiere mögli cherweise unter den Kugeln eines «Sonderkom mandos» (G. Wisnewski) starben. Von Bülow und Wisnewski sind auch davon überzeugt, dass die WTC-Türme nicht durch die Einschläge der beiden Flugzeuge zum Einsturz gebracht wurden sondern durch Sprengungen im Innern, die Geheimdienste vornahmen. Die 19 Männer, die als Attentäter gelten, sind in dieser Betrachtungsweise vermutlich selber Agenten an der langen Leine diverser staatlicher Dienste. Wenn sie wirklich starben, dann wurden sie ahnungslos zu Opfern ihrer Führungsoffiziere.

BBC-Reporter als Maulwurf

Verdeckte Aktion als Polizist

ras. Ein BBC-Reporter hat sich in Manchester als Polizist anstellen lassen und als solcher auch eine neunmonatige Ausbildung genossen. Wie der «Guardian» schreibt, ist nun der Mann vor einer Woche verhaftet worden. Laut einem BBC-Sprecher sollte der Reporter herausfinden, ob die Rassismusvorwürfe gegen die Polizei von Greater Manchester stimmen. Die BBC habe diese verdeckte Aktion als einzige Möglichkeit gesehen, um zu Ergebnissen zu kommen. Man habe vorgehabt, den Lohn ihres Maulwurfs der Polizei zurückzuerstatten. Die Aktion des Reporters unterläuft die polizeilichen Untersuchungen. Es könnte sein, so der «Guardian», dass nun etliche in den vergangenen Monaten Verhaftete wegen des falschen Polizisten entlassen werden müssen. Ein ähnlicher Fall von unzulässiger journalistischer Arbeit wurde im Juni publik. Ein Journalist des Boulevardblatts «News of the World» hatte sich als Gefängniswärter anstellen lassen, um zu exklusiven Bildern und Informationen über einen mutmasslichen Mörder zu gelangen.

Sehen wir uns einmal an ein paar Beispielen an, wie sich dies konkret darstellt.

Konspirologie als neue Wissenschaft

Das beschreibt in der Tat «ein Megaverbrechen von bisher unvorstellbarem Ausmass. Dahinter stecken Feiglinge mit einem maximalen Vernichtungswillen, die mit äusserster Brutalität einen Angriff auf die Freiheit und die Zivilisation geführt hatten, der die ganze Menschheit bedroht» (G. Wisnewski). Man sieht: Diese Verschwörungstheorien drehen das Feindbild des George W. Bush einfach um, erklären die US-Regierung und ihre Geheimdienste zur «Achse des Bösen» und die offizielle Lesart zur «Mutter aller Verschwörungstheorien» (G. Wisnewski). Verschwörer sind die anderen, hier sprechen und schreiben die Aufklärer einer neuen Epoche, in der das Misstrauen gegen die «Wirklichkeitssimulation der Medien» und der Glaube an die «Drahtzieher und Interessen» hinter der Fassade zur Pflicht wird, wie Mathias Bröckers schreibt. Die «Konspirologie» müsse endlich «aus der Verbannung als unmündige, unscharfe Erkenntnistheorie» befreit und «als kritische Wahrnehmungswissenschaft ernst» genommen werden.

Wer auf diesem Markt eine Bude hat, muss wohl solche Marketingparolen rufen. Warum aber finden solche Konstruktionen und Geschichten eine so grosse öffentliche Resonanz und werden von einer wachsenden Anzahl von Menschen gegen die Gewissheiten der Leitmedien geglaubt? Als der Londoner Journalist Jon Ronson im Milieu der paranoiden Konspirologen recherchierte, über das er in seinem 2001 erschienenen Buch «Them – Adventures with Extremists» berichtete, fand er seinen Stoff noch überwiegend am verrückten Rand der Gesellschaft. Es waren Ku-Klux-Klan-Fans, Neonazis und Anhänger US-amerikanischer Milizen, zusammen mit islamistischen Fundamentalisten im Umkreis einiger Londoner Moscheen, die an eine Verschwörung der globalen Eliten aus Politik und Wirtschaft zum Zweck der Errichtung einer diktatorischen «Neuen Weltordnung» glaubten.

Die «Septemberlüge»

Jetzt aber gelten ähnliche Ansichten auch bei sonst durchaus zurechnungsfähigen Zeitgenossen als diskussionswürdig. In Deutschland wird man davon ausgehen können, dass die weit verbreitete Haltung eines USA-kritischen Ressentiments den Boden dafür bereitet hat. Das gilt auch für Frankreich, wo Thierry Meyssan mit «11 septembre 2001: l'effroyable imposture» ein vergleichbares Erfolgsbuch publizierte, in dem er die Zerstörungen im Pentagon als Folge einer sorgfältig geplanten internen Sprengung beschrieb. Die Gleichsetzung von Bush und Hitler galt und gilt in bestimmten politischen Milieus als vertretbar. Man erinnere sich an die Ausfälle einer ehemaligen deutschen Justizministerin. Der Nazi-Wille zur Weltherrschaft lässt sich in dieser Betrachtungsweise kaum noch von US-amerikanischen Suprematie-Überlegungen unterscheiden. Angstreflexe gegenüber einer undurchschaubaren Globalisierung liefern dem Verdacht Nahrung, dass in New York und Washington die Drahtzieher einer Verschwörung gegen die Menschen der ganzen Welt sitzen. Antisemitisches ist beigemischt, wenn Bröckers ein angebliches Zitat von Ariel Sharon abdruckt: «Wir, die Juden, kontrollieren Amerika, und die Amerikaner wissen das.» Nicht zufällig tauchte der zum Rechtsextremisten gewandelte Horst Mahler im Audimax der Humboldt-Universität auf und liess nach Presseberichten seine CD über die «Septemberverbrecher» verkaufen. Schon ist von einer «Septemberlüge» die Rede, was an «Auschwitz-Lüge» denken lässt.

Lehren aus der Geschichte

Neben dem üblen Ressentiment steht allerdings die Zeitgeschichte, die genügend Belege dafür geliefert hat, dass die US-Politik in der T immer wieder zum Mittel der verdeckten Operation gegriffen hat, um politische Gegner auszuschalten. Chile, Mordpläne gegen Castro, Watergate, die Inszenierung des «Tonking-Zwischenfalls» vor Vietnam gelten deshalb als Beglaubigung der Plausibilität der tollkühnen Phantasien, ohne dass noch die Dimensionen und Kontext auseinander gehalten werden.

Darüber hinaus haben die Medien selber nach Kräften dazu beigetragen, ihre eigene Glaubwürdigkeit zu erschüttern. Wo immer neue Fälle von «Borderline-Journalismus» aufgedeckt werden, wird Misstrauen zur habituellen Haltung des Lesers und Zuschauers. Seitdem es das Internet gibt, kann er sich ohne Mühe darin bestärken lassen: Das wuselige Informationsangebot des weltweiten Netzes scheint endlich jedem Einzelne Basis-Recherchen zu erlauben, die sich der Macht entziehen und Wahrheit versprechen. Nicht zufällig sind deshalb die meisten Quellen der verschwörungstheoretischen Szenarien zum 11. September Websites. Aufklärer und Spinner verbreiten dort Informationen und Halluzinationen ohne dass dies für den Leser unterscheidbar wäre. Wer sich die Mühe macht und auf die Fussnoten halten der hier erwähnten Bücher steigt, findet freilich rasch höchst windige Quellen.

Verunsichernde Unübersichtlichkeit

So sieht sich der Leser und Zuschauer einer paradoxen Situation gegenüber: Einerseits hat er in einer als bedrohlich empfundenen Weltlage Zugang zu so vielen Informationen wie nie zuvor, andererseits wächst zugleich der Zweifel an ihrer Zuverlässigkeit. Solche Unübersichtlichkeit macht Angst und macht hilflos. Vielleicht helfen Verschwörungstheorien bei der Angstbewältigung, obwohl sie doch zunächst furchterregend

Der Artikel der *NZZ (Neue Zürcher Zeitung)* ist symptomatisch. Er enthält die neue Sprachregelung – und gibt sie für den deutschsprachigen Raum gewissermaßen vor:

....-theorien, ...-theoretiker. Das ist sozusagen der abstrakte, wirklichkeitsfremde Gegensatz zur ›Gewißheit der Leitmedien‹, wie sie die *NZZ* zu vermitteln versteht.

Normalerweise werden Themen, die politisch nicht korrekt sind und die daher nicht in den ›mainstream‹ passen, einfach totgeschwiegen.

Warum geht die *NZZ, das* Leitmedium, von dieser bewährten Praxis ab? Und nicht nur die *NZZ,* auch das große Nachrichtenmagazin *Der Spiegel* fühlt sich bemüßigt (oder ist er am Ende beauftragt?), wie auch plötzlich die Fernsehanstalten – Panorama zum Beispiel –, über die Verschwörungstheorien nicht nur zu berichten, sondern den Gegenbeweis für deren Nichtigkeit anzutreten. Aber bleiben wir bei der *NZZ.*

Besonders regt sie auf, daß etwa BRÖKERS vom »Mißtrauen gegen die Wirklichkeitssimulation der Medien« schreibt. Das hat einen guten Grund, weil es sich hier in der Tat um die Konstruktion einer virtuellen = Scheinwelt handelt. Und die *NZZ,* das liberale (= ›neocons‹) Mainstream-Medien-Aushängeschild der Freimaurer im deutschen Kulturraum schlechthin, zieht sich plötzlich ›staatstragend‹ an. Betreffend die ›paranoiden Verschwörungstheoretiker‹.

Das versteht sich natürlich, denn es geht ja um einiges. So verbannt die *NZZ* die Berichte über die Manipulationen der makro-ökonomischen Zahlen (Inflation, Arbeitslosigkeit, Haushaltsdefizite, Wirtschaftswachstum usw.), des Aktienmarktes, des Goldpreises, der Wechselkurse, die Verdrehung der Wirklichkeit in eine virtuelle (= Schein-)Welt immer in die Welt der Verschwörungstheoretiker, damit die von ihr selbst erzeugte virtuelle Welt weiterhin für die Wirklichkeit geglaubt/gehalten wird. Volkstümlich gesagt, die *NZZ,* der *Spiegel,* die *mainstream-* und Lizenz-Medien schreien: »Haltet den Dieb!« – um derweilen selbst das Weite zu suchen. Es ist eine ›Flucht nach vorne‹, man will den Deckel auf dem Kessel halten, darum werden die Meisterschwätzer des Medienkartells aufgeboten, die Leute dumm zu reden. Ob es gelingt? Anscheinend ist man nervös geworden. Zu viele halten den Anschlag auf die WTC-Türme als von der US-Regierung selbst verübt. – Und *wir* liefern nicht nur die Beweise dafür, sondern auch die wahrscheinlichsten Motive: den tatsächlichen Bankrott der USA, den wir im – derzeit – wohl einzigen Buch in allen Facetten darstellen, das eine Untersuchung der Ereignisse aus einer *gesamthaften* wirtschaftlichen, finanziellen und geopolitischen Betrachtung anstellt. (Siehe: *Wir werden schamlos irregeführt!*)

Methodisch interessant ist, daß doch zahlreiche der nach wie vor offenen Fragen und Ungereimtheiten angesprochen werden, aber immer in einem Kontext des Zweifels, des Zwielichtigen, der Lüge, des Obskuren (Ku-Klux-Klan-Fans, Neonazis, Anhänger der US-amerikanischen Milizen, Fundamentalisten. . .). Solche ›Elemente‹ glauben – *horribile dictu* – an »eine Verschwörung der globalen Eliten aus

Politik und Wirtschaft zum Zweck der Errichtung einer diktatorischen ›Neuen Weltordnung‹‹«. – Aber hat nicht gerade dies BUSH sen. 1990 ausdrücklich als Ziel der US-Außenpolitik verkündet? Und was sind die Auswirkungen des ›*New American Century*‹: ein ›*Total Information Awareness System*‹, ein Super-NKWD, das ›*Homeland-Defence*-Ministerium‹, der mittlerweile weitgehende Abbau der Bürgerrechte und im Bereich der Außenpolitik die Aufhebung des Völkerrechts und die Kriegserklärung an praktisch die ganze Welt.

Die *NZZ* bequemte sich zuzugeben, daß »die US-Politik in der Tat immer wieder zum Mittel der verdeckten Operation gegriffen hat, um politische Gegner auszuschalten«. Das sind jedoch keine *ex post*-Befunde der Zeitgeschichte allein, sondern ist mittlerweile ausdrückliche Politik der USA. Im Rahmen der neuen Sicherheitsdoktrin hatte BUSH dies im September vorigen Jahres ausgeführt, und beim diesjährigen Kongreß »Mut zur Ethik«[1] erklärte ein Insider des US-Establishments, Robert MAGINNIS, in seinem Referat »Der Krieg als Mittel der US-Politik« dies ausdrücklich. Was wäre also der Unterschied zu Aldous HUXLEYS *1984*?

Das ›wuselige‹ Informationsangebot des Internet hat es den Verantwortlichen für diese *NZZ*-Beilage auch angetan. Die Belege für die »dort verbreiteten Informationen und Halluzinationen« werden dabei zu »Fußnotenhalden« – warum nicht gleich Müll-? –, die aber, wenn

---

[1] XI. Kongreß »Mut zur Ethik« vom 5. bis zum 7. September 2003 in Feldkirch/Vorarlberg
Ehrenvorsitz: Prof. Dr. Contessa Francesca RIVETTI BARBO
Veranstalter: Die Europäische Arbeitsgemeinschaft »Mut zur Ethik«:
Campaign for Real Education CRE, York/London, Wiener Akademiker-Bund, Wien, Gesellschaft für Soziale Demokratie e.V., Hamburg, Vereinigung für Familie, Schule und Gesellschaft, Dübendorf, Comitatus pro Libertatibus – Komitees für die Freiheiten, Mailand, Europäische Ärzteaktion e. V., Ulm, World Federation of Doctors who Respect Human Life, Ostende, Bund der Arbeitskreise für ein Qualifiziertes Studium, BAQS e.V., Plattform Ärzte für das Leben, Wien, Verein Jugendberatung, Zürich, Gesellschaft für Frieden und Verständigung in Afrika e.V., Zürich, Neuer Rütlibund, Zug, AIDS-Aufklärung Schweiz AAS, Zürich, Pro Vita, Bewegung für Menschenrecht auf Leben, Österreich, Studentenforum an der Universität Zürich, Cercle civique européen, Lausanne, The Roman Forum, New York, The Dietrich von Hildebrand Institute, New York, The Civic Institute, Prag, Schweizer Ärzte gegen Drogen, Zürich, Nationaler Pädagogischer Verein, Budapest, Internationale Hippokratische Gesellschaft, Zürich, Les Etats-généraux de la Souveraineté nationale, Paris.

wirken. Dies gilt vor allem für die hier nicht näher betrachteten, aber ebenfalls populären Geschichten von der anderen Seite des politischen Spektrums, die das Bild einer umfassenden und allgegenwärtigen Verschwörung islamistischer Terroristen erzeugen: So muss man nach Lektüre des anonym veröffentlichten Buchs «Die Terroristenjägerin» annehmen, dass in den friedlichen Mittelklasse-Vororten amerikanischer Städte viele Nachbarn verdeckte Jihad-Kämpfer sind.

Auch hier ist von der Komplexitätsreduktion auszugehen, die alle Verschwörungstheorien leisten: «Diese Modelle oder Geschichten geben harmonische, zusammenhängende und recht schlichte Erklärungen für Ereignisse, die ohne sie chaotisch wirken», schreibt Robert Anton Wilson im Vorwort seines «Lexikons der Verschwörungstheorien». Die kanadische Psychotherapeutin Catherine Gildiner hat diesen Gedanken in der Zeitung «Globe and Mail», Toronto, mit Blick auf psychologische Dispositionen nach dem 11. September zugespitzt: «Das verschwörungstheoretische Denken, das jetzt so verbreitet ist, ist eine kollektive Form der posttraumatischen Belastungsstörung. Unser Gehirn bereitet uns damit auf den nächsten Angriff vor. In psychiatrischer Terminologie wird das Hyper-Wachsamkeit genannt.»

Publizistische Anstrengung nötig

Medien haben keine psychiatrische Funktion. Ihre Leistung im Umgang mit Ausbrüchen verschwörungstheoretischer Spekulation kann nur der Versuch einer klaren Sichtung sein, bei der Unfug und Ressentiment von Fakten und weiterführenden Fragen geschieden wird. Die rasende Konfusion, die sich zurzeit in allen möglichen Teilöffentlichkeiten ausbreitet, ist wohl nicht mehr durch simples Totschweigen und Ignorieren zu stoppen, sondern nur durch die publizistische Anstrengung, gegen den Amoklauf einer entfesselten konstruktivistischen Phantasie mit den Mitteln professioneller Publizistik die Spuren der Wirklichkeit zu verfolgen. Auch zwei Jahre nach der Katastrophe vom 11. September gibt es da noch Herausforderungen genug.

Heribert Seifert

| _Literaturhinweise:_ |

Andreas von Bülow: Die CIA und der 11. September. Internationaler Terror und die Rolle der Geheimdienste. Piper-Verlag, München 2003. 271 S.

Mathias Bröckers: Verschwörungen, Verschwörungstheorien und die Geheimnisse des 11. 9. Verlag Zweitausendeins, Frankfurt am Main 2002. 359 S.

Mathias Bröckers, Andreas Hauss: Fakten, Fälschungen und die unterdrückten Beweise des 11. 9. Verlag Zweitausendeins, Frankfurt am Main 2003. 325 S., mit einer S-DVD.

Jon Ronson: Them – Adventures with Extremists. Simon & Schuster, New York / London 2002. 330 S.

Gerhard Wisnewski: Operation 9/11. Angriff auf den Globus. Knaur-Verlag, München 2003. 414 S.

Robert Anton Wilson: Das Lexikon der Verschwörungstheorien. Piper-Verlag, München 2002. 427 S.

Anonym: Die Terroristenjägerin. C. Bertelsmann, München 2003. 415 S.

Auswahl von Websites mit Verschwörungstheorien:

www.operation911.de

www.broeckers.com

www.medienanalyse-international.de

www.globalresearch.ca

www.emperors-clothes.com

www.counterpunch.org

man sich die Mühe macht, rasch als höchst windige Quellen enttarnt werden. Man wäre ob dieses pauschalen Vernichtungsurteils natürlich für wenigstens ein oder zwei Beispiele dankbar gewesen, die man freilich schuldig bleibt. Es ist wie zur Zeit der Wohlfahrtsausschüsse: . . . man sagt, . . . der Wille des Volkes, . . . auf allgemeinen Wunsch. . .

Das ›angebliche‹ Zitat Ariel Sharons ist natürlich echt.[2] Natürlich ist es auch ernüchternd, wenn Scharon sagt, daß sie, die Juden, Amerika kontrollieren und die Amerikaner dies wüßten. Es ändert den Blick auf die gegenwärtige Politik.

Die _NZZ_ mokiert sich auch über die »Komplexitätsreduktion« in den ›Verschwörungstheorien‹. Wann und wo würde das nicht gemacht? Gibt es überhaupt ein mediales oder wissenschaftliches Thema, das ohne Komplexitätsreduktion zu einer Deutung käme?

Jedenfalls weiß die _NZZ_ Rat gegen die ...-theorien: klare Sichtung von Unfug und Ressentiments, von Fakten und weiterführenden Fragen. Doch: Warum erst

---

[2] Der Wortlaut mag von der israelischen Zeitung vielleicht anders wiedergegeben worden sein, aber die Aussage ist wohl bestätigt. Der _Washington Report on Middle East Affairs_ berichtete über einen Wortwechsel (Ref: 10. Oktober 2001, mit Bezug auf die israelische Radiostation Kol Yisrael) innerhalb der israelischen Regierung zwischen Scharon und dem Minister für Äußeres, Peres, wobei Peres den Premierminister über die Konsequenzen einer ständigen Zurückweisung der US-Forderungen bezüglich eines Waffenstillstandes mit den Palästinensern warnte. Dies würde die Interessen Israels beeinträchtigen und die USA gegen Israel aufbringen. Scharon wandte sich aufgebracht an Peres und sagte: »Any time we undertake something, you tell me what the Americans will do. I want to make it quite clear to you: Don't be worried about American pressure upon Israel. _We, the Jewish people, control America and the Americans know that._« (Immer, wenn wir etwas unternehmen, erzählen Sie mir, was die Amerikaner tun werden. Ich möchte Ihnen ganz klar sagen: Sorgen Sie sich nicht über amerikanischen Druck auf Israel. Wir, das jüdische Volk, kontrollieren Amerika, und die Amerikaner wissen das.)

jetzt? Wer hat dies erzwungen? Die bohrenden Fragen und der Erweis der Widersprüchlichkeit der offiziellen Erklärungen durch ›Verschwörungstheoretiker‹. Die *NZZ*, der *Spiegel*, die US-*mainstream*-Medien haben hier jedenfalls nichts dazu beigetragen.

Solange Leo Kirch ein erfolgreicher Medienunternehmer war, inspirierte er etliche Kritiker zu Verschwörungstheorien. (Bild Photopool)

Beim Literaturverzeichnis fehlen wesentliche Bücher, u.a.: Thierry MEYSSAN, *Der inszenierte Terrorismus,* editio de facto, Kassel 2002; Christian GUTHART, *11. September – ein Untersuchungsbericht*, SKD Bavaria, München 2002, nicht zuletzt unser Buch, *Wir werden schamlos irregeführt!*, Hohenrain, Tübingen 2003.

Dafür ist der ›Beilage‹ eine ganz besonders merkwürdige ›Beigabe‹ angefügt: ein Bild Leo KIRCHS, mit dem Hinweis: *solange* er noch ein erfolgreicher Medienunternehmer war, hätte er etliche Kritiker zu Verschwörungs*theorien* inspiriert. Soll damit die unerwünschte Meinung Leo KIRCHS zum Umfeld von 9-11 angedeutet werden?

Nach der katholischen Zweimonatszeitschrift *KOMMA* war KIRCH der einzige ausgesprochen katholische Mediengroßunternehmer im deutschen Kulturraum (Presse, TV/HF, Zeitschriften, Verlage). Vielleicht erklärt dies den letztlichen Sturz seines Konzerns, bewirkt durch die Sanierungsverweigerung von Banken usw. (ähnlich wie es seinerzeit in Österreich beim Konkurs MACULANS der Fall war), die zur Teilübernahme des Konzerns durch ›geeignetere‹ internationale Kreise aus den europäisch-englischen *mainstream*-Medien (z.B. Ruppert MURDOCH) führte. Es sind immer solch dezente Hinweise an andere Medienherren, sich nicht zu sicher zu sein, sollten sie es wagen, gegen den Strich zu schreiben.

Der (Zerr-)Spiegel

Unter dem Titel »Tod im Päckchen« bietet der *Spiegel* seine Brühe als »Dossier« an. Man bekommt alles auch – noch umfangreicher – als Taschenbuch *Der 11. September – Geschichte eines Terrorangriffs.* Die Methode ist um einiges derber, primitiver, direkter als die oben beschriebene der *NZZ.* Der massive Eingriff – wohl von den nach wie vor über die politisch korrekte Schreibe in Deutschland wachenden Nachfolgern des OSS befohlen – soll wohl den wachsenden Zweifeln an den offiziellen Märchen den Wind aus den Segeln nehmen. Die groben Klötze sind: »Halbwahrheiten« der Verschwörungs-»theoretiker«, »Schwachsinn« oder »Legenden, Lügen aus der Fälscherwerkstatt von Spinnern«. Nachfolgend ein paar der *Spiegel-*›Beiträge‹ zur Klärung des Falles.

> Panoptikum des Absurden
> Waren die Anschläge von New York und Washington die größte Terrortat der Geschichte – oder ein gewaltiges Komplott der Geheimdienste? Verschwörungstheoretiker landen mit ihren angeblichen Beweisen Bestseller, schon ein Fünftel der Deutschen glaubt ihren Halbwahrheiten.

> Dem Schwachsinn eine Schneise
> Wie Verschwörungstheoretiker große Ereignisse der Weltgeschichte umdeuten.

> Das Internet als Fälscherwerkstatt (37/2003)
> Fälscher und Spinner nutzen das Internet, um Legenden und Lügen zu verbreiten.

Nur, es bleiben die Autoren des *Spiegels* jegliche Antwort auf offenkundige Ungereimtheiten schuldig. Beschimpfung als Argument? Es mag ja sein, daß die Halbbildung von Journalisten den Zugang zu rationaler Untersuchung erschwert, daß sie die wesentlichen Grundlagen des naturwissenschaftlichen Weltbildes einfach intellektuell nicht verstehen, denn nur so wäre es zu erklären, daß sie so einfältige Dinge behaupten und ganz offensichtlich den Vorbringungen der ›Verschwörungstheoretiker‹ nicht folgen können. Oder sind sie jene Lakaien und bezahlten intellektuellen Prostituierten, von denen der US-

Journalist John SWAINTON seinen Zunftgenossen bereits in den fünfziger Jahren folgendes zugerufen hat: [3] »Eine freie Presse gibt es nicht. Sie, meine lieben Freunde, wissen das, und ich weiß es gleichfalls. Nicht ein einziger unter Ihnen würde es wagen, seine Meinung ehrlich und offen zu sagen. Das Gewerbe eines Publizisten ist es vielmehr, die Wahrheit zu zerstören, geradezu zu lügen, zu verdrehen, zu verleumden, zu Füßen des Mammons zu kuschen und sich selbst und sein Land und seine Rasse um des täglichen Brotes willen wieder und wieder zu verkaufen. Wir sind Werkzeuge und Hörige der Finanzgewaltigen hinter den Kulissen. Wir sind die Marionetten, die hüpfen und tanzen, wenn sie am Draht ziehen. Unser Können, unsere Fähigkeiten und selbst unser Leben gehören diesen Männern. *Wir sind nichts als intellektuelle Prostituierte.*«

Das über die Bande gespielte Eigenlob[4] – »Die minutiöse Rekonstruktion des 11. September in New York ist eine *Gemeinschaftsleistung* von 48 Reportern, Redakteuren, Dokumentaren, Graphikern des *Spiegels*. Unter Chefredakteur Stefan AUST und Cordt SCHNIBBEN zeigt das Hamburger Team, *wozu man fähig ist...*« – ändert daran nichts. Sie haben in der Tat gezeigt, wozu sie fähig sind. Indem sie auf »Einzelschicksale von Tätern und Opfern, von Rettern und Geretteten... einen *unverstellten* Blick« werfen, behandeln sie »Emotionalien«, aber eben nicht die wirklichen Fragen: das Wer, Warum und Wie.

Der Hinweis auf die Schablone der ›Operation Northwoods‹, mit der ein Krieg gegen Kuba gerechtfertigt werden sollte, und die daran geknüpfte Frage eines Leserbriefschreibers trifft daher den Nagel auf den Kopf: »Wie blauäugig muß man als Journalist eigentlich sein, wenn man glaubt, diese Fakten zusammen mit der ganzen Palette von Ungereimtheiten der offiziellen 9/11-Version einfach mit einem rhetorischen Rundumschlag gegen sogenannte Verschwörungstheoretiker aus der Welt schaffen zu können?«

---

[3] Zitiert in *Raum & Zeit*, Heft 102/99; Jürgen GRAF, *Todesursache Zeitgeschichte*, Verlag Neue Visionen, Würenlos (CH) 1995, S. 338; *Nation Europa*, Heft 11, 1968.

[4] Was die *Saarbrücker Zeitung* zur Taschenbuchausgabe des *Spiegel*-Buches *11. September – Geschichte eines Terrorangriffs* schrieb, zitiert der *Spiegel* 38/2003, S. 182, im »Rückspiegel«.

Berufsverbot

Inzwischen erfuhren wir, daß zu den ›subtilen‹ Mitteln nicht nur die geschilderten gehören, sondern auch unmittelbar wirksame: nämlich Berufsverbote. Einer der – sehr gut recherchiert habenden – Autoren, Gerhard WISNEWSKI, »erhielt vom WDR Berufsverbot«, wie er am Telefon mitteilte.[5] Man könnte sich fragen, warum gerade er? Die Antwort ist klar: Seine Recherchen waren recht gründlich und die Schlüsse über die eigentlichen Urheber des 11. September mit *Spiegel*-Chuzpe nicht mehr wegzudiskutieren. Als Fernseh-Journalist mit einigem Bekanntheitsgrad hatte er schon zu vielen die Augen geöffnet. Wenn Berufsverbote freilich die Methoden der ›Wahrheitsfindung‹ und der ›freien Meinungsäußerung‹ sind, dann steht es ziemlich schlecht um die Sache der offiziellen Lügenpropaganda.

Parallel dazu wird dafür die politisch zulässige ›Kritik‹ eines Ahmed NAFEEZ,[6] Direktor eines ›unabhängigen‹ Forschungsinstitutes medial gut positioniert. Kommt uns nicht komisch vor, daß ausgerechnet in England so ein Institut – von welchen Geldern erhalten? – derartige Dinge bringt. *Scheinbar* eine Kritik an den USA, die aber *die zentrale These* – den ›islamischen Terror‹ – stützt, die wiederum dem eigentlichen US-Ziel dient: Krieg zu führen und die Ölressourcen nicht nur des Iraks – auch Saudi-Arabien[7] ist längst Zielscheibe – in Besitz zu nehmen.[8] Was tut da ein bißchen üble Nachrede, die obendrein widersprüchlich und zum Teil auch obskur ist?

---

[5] Telefonische Mitteilung an den Autor am 25. September 2003.

[6] Ahmed M. NAFEEZ ist Engländer bangladeschischer Abstammung. Er leitet das ›*Institute for Policy Research & Development*‹, einen unabhängigen, interdisziplinär arbeitenden *Think Tank* in Brighton, England. Sein Institut beschäftigt sich mit Untersuchungen und Analysen im Sinne der Durchsetzung vom Menschenrechten und der Friedensförderung. Ahmed NAFEEZ hat sich speziell mit der jüngeren Geschichte Afghanistans auseinandergesetzt. Seine diesbezüglichen Arbeiten werden sowohl von der California State University als auch von der Harvard University, einer der wichtigsten Institutionen des US-Kasino-Kapitalismus, empfohlen.

[7] Siehe Laurent MURAWIECZ von der Rand Corporation, der unverhohlen empfahl, Saudi Arabien wegen angeblicher Finanzierung des ›Terrors‹ zum Feindstaat zu erklären und seine Ölfelder zu besetzen. Am Vorabend des Irak-Kriegs sprach im ORF-FS2 am 16. März 2003 um 22 Uhr eine ›Expertin‹ für den Nahen Osten, daß im Zuge der ›Neuordnung‹ auch Saudi-Arabien als nächstes Ziel erscheine und daß das ›*Saudi-bashing*‹ – auf sie öffentlich einzudreschen – deutlich geworden sei.

[8] Siehe das Kapitel »Die wahren Hintergründe des Irak-Krieges«, in: G. REISEGGER, *Wir werden schamlos irregeführt!*, aaO.

Die oben skizzierte These ist ja unerhört: Sie tut so, als wären die Absichten, Terroranschläge durchzuführen, bekannt gewesen. Sie erklärt aber nicht, warum sie dann stattfinden konnten. Wir glauben zwar auch nicht an die Batman und James-Bond-Wundermänner, die in den modernen Hollywood-Helden-Epen der USA täglich über die Bildschirme flimmern, aber so unfähig sind US-Geheimdienste gewiß auch nicht, ein wirkliches Komplott, von dem sie Kenntnis haben, nicht rechtzeitig zerschlagen zu können. Die *Meta-Story* dabei ist doch ganz offensichtlich, die Grundthesen der offiziellen – völlig unglaubwürdigen und lügenhaften – Version zu stützen. Somit ist dies nichts weiter als eine Desinformation im Kleid einer ›investigativen‹ Story. Um den guten oder schlechten Ruf der USA muß sie sich nicht kümmern, denn was diesen ausmacht, ist ohnedies nur eine Frage der Macht. Entscheidend ist allein die ›Bestätigung‹ der Zentral-These der US-Regierung: islamischer Terror! Hiervon werden alle weiteren ›Rechte‹ abgeleitet, nämlich *preemptive strikes‹*, also unprovozierte Überfälle gegen jeden Staat zu machen, wie es die neue ›BUSH-Kriegs-Doktrin‹ sagt.

Macht es nicht auch stutzig, daß etwa Harvard,[9] diese Hochburg der ›akademischen‹ System-Erhalter, Ahmed NAFEEZ' Arbeiten unterstützt? Solches findet in den USA überhaupt nur statt, wenn es in den *mainstream* paßt. Es ist immer verdächtig, wenn jemand bestimmte ›Freunde‹ hat, die man im Sinne von Carl SCHMITTS Freund-Feind-Unterscheidung natürlich den ›Feinden‹ zuordnen muß.

Notizen eines Teilnehmers zur 2. Berliner Veranstaltung »Unbeantwortete Fragen«

»... Bekomme wie jeder ein A5-Blatt von ›*9/11 Truth Alliance Internationals,* in die Hand gedrückt. Der Text der Vorderseite lautet (auf der Rückseite ein Aufruf, die Archive zu öffnen und Beweismittel vorzulegen):

»Herzlich willkommen beim Symposium ›*Unanswered Questions – Demanding Answers.* Unbeantwortete Fragen und die Forderung nach Antworten‹. Wie Sie vielleicht bereits erfahren haben, werden wir in

---

[9] In: Gerhoch REISEGGER, ebenda, wird die Rolle der Harvard University als im US-System tief verstrickte Einrichtung dargestellt, die insbesondere an den betrügerischen Machinationen Enrons wesentlichen Anteil hatte, also dem ›*American way of business‹*, um den es hier vor allem geht.

letzter Zeit von mehreren Seiten mit dem Vorwurf konfrontiert, dieses Symposium würde antisemitische und antiamerikanische Ressentiments schüren und Raum bieten für Rechtsradikale und andere Personen, die hier ihre menschenverachtenden Ansichten ungestört kundtun können.

Wir, die Organisatoren der Veranstaltung, haben uns bereits im Vorfeld zur Toleranz gegenüber Menschen gleich welcher Herkunft und Religion bekannt und von Gruppierungen der rechten nationalistischen Szene distanziert. Daher werden wir hier und heute weder rassistische noch antisemitische, antiamerikanische oder Äußerungen dulden, die in eine ähnliche Richtung weisen und die die Opfer von Terror und Krieg verhöhnen. Deswegen behalten wir es uns auch vor, im Bedarfsfalle von unserem Hausrecht Gebrauch zu machen. Das ganze Team der Vorbereitungsgruppe wünscht Ihnen und sich einen informationsreichen Nachmittag und Abend in entspannter Atmosphäre.

We condemn the attempts by German neo-Nazis to take possession of this issue with their hateful ideology. We are pro-American people, pro-New-York, pro truth, pro-freedom and pro-world[?]. We do not support disinformation, distraction or ideology, and we resist all efforts to exploit the aftermath, irregularities and oddities of the Sept. 11th story by the purveyors of propaganda, paranoia, racism, mystification, proselytization or advertising.«

Der Ton macht die Musik

Der Veranstalter der ersten Podiumsdiskussion an der Humboldt-Universität, Ronald THODEN, ein Nobody von nirgendwo, machte etwas, was sehr verdienstvoll erschien – und große Resonanz fand.

Für die zweite Veranstaltung (7. September) hatte sich bereits ein US-Bürger, Mr. LEVIS, als Mitveranstalter empfohlen. Diese obige Konditionierung im Vorfeld, die Zugangs- und Taschenkontrollen wie bei Flugreisenden in den USA, sind schon eine merkwürdige Sache. Ihr Zweck war offensichtlich, eine wirkliche Diskussion zu verhindern, indem die ›unanswered questions‹ vor allem *ungefragt* bleiben sollten.

Was heißt denn »*we are pro-American people, pro-New-York. . .*«? Wenn von Amerika im Zusammenhang mit 9-11 die Rede ist, meint jedermann das *US-System*, das von einer Clique repräsentiert wird und inzwischen nicht nur die ganze Welt mit Krieg und Terror bedroht, sondern längst die eigenen Bürger in Geiselhaft genommen hat. Der-

artige Lippenbekenntnisse – leere pc-Phrasen – sind nicht nur sinn-
los, weil sie ohnedies am Problem vorbeigehen, sondern vor allem
eine Beschränkung der Untersuchung und Debatte, weil offenbar
manche Dinge *nicht* gesagt oder beim Namen genannt werden sollen.
Die dumme, scheinbar politisch korrekte Feststellung »*we do not support disinformation, distraction*« impliziert offensichtlich, daß eine Kritik oder kritische Frage gerade dies wäre: Desinformation oder Ab-
lenkung vom wirklichen Problem. Nur wer wünscht das, wenn nicht
die US-Regierung und die sie unterstützenden Gangs?

Wenn nun auch der schon erwähnte Mr. Ahmed NAFEEZ aus London groß herausgestellt wird, so ist für den Sehenden klar, daß diese
Veranstaltung bereits fest in Händen des Imperiums ist. Desinformation in der Form einer Pseudo-Kritik an den versagenden Geheimdiensten usw. – jedoch bei geradezu Zementierung des eigentlichen
Schlüssel-Dogmas: ›islamische Terroristen‹, des ›Urgrunds‹ für die
Rechtfertigung des ›Kriegs gegen den Terrorismus‹.

Im Vorfeld des zweiten Jahrestages mußte man auch wieder mit
ungeheuren Betroffenheits-Ritualen rechnen. Die US-Zeitungen sind
bereits auf den Frontseiten voll mit mitleiderregenden Erinnerungen
vor Hinterbliebenen, die sich, wie zwischen den Zeilen herauszule-
sen ist oder auch ganz direkt (siehe unten), gewiß inzwischen längst
mit einer/-m neuen Bettgenossin/-en getröstet haben. »*. . . working
their way through grief and guilt(?) toward dating. . .*« – Wieso »*guilt*«
(Schuld) der Hinterbliebenen? Und was ist doch gleich ein »*date*«?
Nach unserem Kulturprogramm in FS1 des ORF, »*Sex and the City*«,
ein schneller Fick, um es allgemeinverständlich zu sagen? – Rührend.
Emotionalien-›Literatur‹ also anstelle von Aufklärung und Fakten.

Daring to try love again

Some of the thousand or so men and women bereft of partners by the Sept. 11 attacks are working their way through grief and guilt toward dating and remarriage. *Page 7*

IHT, 8. Sept. 2003

Die Widersprüchlichkeit der US-Lügengeschichten ist inzwischen so offenkundig und vor allem breit in der öffentlichen Diskussion, daß sich die USA nun gezwungen sehen, ›neue Beweise‹ beizubringen. Es sind dies einfach unerhörte Räuberpistolen: Ein tschechischer Bürger, Pawel HLAWA (ist es nicht toll, man kennt ihn sogar mit Namen) habe ein Video gemacht, auf dem *beide* Flugzeugeinschläge zu sehen sein sollen. Leider kam es erst jetzt an die Öffentlichkeit, weil sich der – offenbar besonders einfältige – Mann nicht der Tragweite dieses Videos bewußt gewesen sein soll. Das ist natürlich einsichtig, vor allem, weil ja seit zwei Jahren die Welt von nichts anderem mehr redet. Außerdem spräche er nicht Englisch, was die öffentliche Entdeckung zusätzlich erschwerte.

Was sieht man darauf? Nun, dasselbe, was man auch auf den anderen Fälschungen schon sah: ein Flugzeug im Anflug, dann ist das Ereignis selbst – der Einschlag – verdeckt, und die folgende Explosion. Es ist Mehr vom Gleichen. Aber ob *eine* Lüge und Fälschung oder *mehrere* und nun eine weitere, was ändert es an den Tatsachen? Nichts.

Mit diesem Sondermüll demonstriert man, daß die geistigen Fähigkeiten jener, denen dies zugemutet wird, offenbar wie die der eigenen Bevölkerung beurteilt werden, die dies anscheinend weitgehend widerspruchslos hinnimmt. Die Psychologie ist freilich auch bemerkenswert: Indem man den Tränendrüsen-Kitsch zu Hauf zum Jahrestag produziert, wird auf die Pietät der Menschen spekuliert, die hier nichts sagen dürfen, und man lenkt von den wirklichen Fragen ab: von der Aufklärung dieses Staatsverbrechens und seiner Hintergründe.

Wie man hört, soll dieser einträgliche Veranstaltungszirkus – 10 Euro Eintritt – auf Tournee gehen, für einen Herrn THODEN zum persönlichen Geschäft, für die Zuhörer zur weiteren, selbstbezahlten Verblödung, indem eine Mischung aus Sein und Schein weiter verzapft wird. Was soll man dazu sagen? – Gekauft oder nur etwas dumm? Oder beides?

International Herald Tribune
Monday, September 8, 2003

Pavel Hlava via The New York Times

In a newly accessible video , the second plane in the World Trade Center attacks flies in at an angle to strike the south tower.

Rare tape shows each jet hitting tower

2 years later, it is sole video known to have recorded both impacts

By James Glanz

NEW YORK: They did not even see the pale fleck of the airplane streak across the corner of the video camera's field of view at 8:46 a.m. But the camera, pointed at the twin towers of the World Trade Center from the passenger seat of a sport utility vehicle in Brooklyn near the Brooklyn-Battery Tunnel to Manhattan, kept rolling when the plane disappeared for an instant and then a silent, billowing cloud of smoke and dust slowly emerged from the north tower, as if it had sprung a mysterious kind of leak.

The SUV, carrying an immigrant worker from the Czech Republic who was making a video postcard to send home, then entered the mouth of the tunnel and emerged a few minutes later, to the shock of the men inside, nearly at the foot of the now burning tower.

The camera, pointed upward, zoomed in and out, and then, with a roar in the background that built to a piercing screech, it locked on the terrifying image of the second plane as it

Daring to try love again

Some of the thousand or so men and women bereft of partners by the Sept. 11 attacks are working their way through grief and guilt toward dating and remarriage. *Page 7*

soared, like some awful bird of prey, almost straight overhead, banking steeply, and blasted into the south tower.

It was not until almost two weeks later that the worker, Pavel Hlava, even realized that he had captured the first plane on video. Even then, Hlava, who speaks almost no English, did not realize that he had some of the rarest footage collected of the World Trade Center disaster. His is the only videotape known to have recorded both plane impacts, and only the second image of any kind showing the first strike.

The tape — a kind of accidentally haunting artifact — has surfaced publicly only now, on the eve of the second anniversary of the attacks, after follow-

ing a tortuous and improbable path from an insular circle of Czech-American working-class friends and drinking buddies.

At one point, a friend of Hlava's wife traded a copy of the tape to another Czech immigrant for a bar tab at a pub in Queens. Hlava and his brother, Josef, who was also in the SUV on Sept. 11, tried at various times to sell the tape, both in New York and in the Czech Republic. But with little sophistication about the news media and no understanding of the tape's significance, the brothers had no success.

Eventually, a woman happened to learn of the tape from the pub deal at a school where one of the Czech immigrants was studying English. She brought it to the attention of a freelance news photographer who doubled as her ballroom dancing partner, and that man, Walter Karling, brought the tape to The New York Times.

For all the tape's imperfections — the first plane is seen distantly, and Hlava's hand is understandably far

See TAPE, Page 7

Monday, September 8, 2003

Nicole Bengiveno/The New York Times

Richard Pecorella, whose fiancée died in the World Trade Center, is dating Laurie Vite, the mother of a 10-year-old son, David.

An uneasy journey to loving again
Mates bereft by Sept. 11 tiptoe into dating and remarriage

By Glenn Collins

For some, it is unthinkable. The other side of the bed must remain forever empty. Children must cleave to the parent they have. Lives shall be lived alone.

But there are other widows, widowers and partners of those who died in the terrorist attacks of Sept. 11, 2001, who are dating again. They have found that every tentative new love is alloyed with an inconsolable regret. And every new journey of the heart traverses a minefield of expectation and emotions.

Karen Carlucci, 31, a social worker and substance-abuse counselor, was engaged to Peter Christopher Frank, a 29-year-old financial analyst at Fred Alger Management in the north tower of the World Trade Center. When she began dating again, she said, "I felt people were judging me."

"I feared that people would think, oh, I must not really have loved him," she said. "Or they would say, 'Oh, she's over

felt that I would never date again, and never remarry," said Push, 51, a director of Families of Sept. 11, an organization based in Washington that has 1,500 members. "Fortunately, I was wrong about that."

On Aug. 30, at the Willard Intercontinental hotel in Washington, Push, whose wife of 21 years, Lisa Raines, died on the hijacked airplane that hit the Pentagon, married Debra LaValle, whose fiancé, Kim Rightmire, died of a heart attack in April 2001.

Yet for every partner who has found new love, victims' family networks and self-help groups say, there are many others for whom the possibility is unimaginable.

Karen DallaValle, 41, lives with her 15-year-old son, Joseph, in Matawan, New Jersey, in the house she bought with Kenneth Tietjen, a New York port authority police officer who led survivors out of the north tower and then rushed into the south tower, never to return. "Some say that until I get in another

Now she has a boyfriend and has moved with him to northern Virginia. "I wanted to start over," she said.

Push met his future wife on June 3 through an online dating service. "Soon we were baring our hearts and souls," he recalled. "We were like two teenagers, talking six hours a day and pining away for each other." On June 13, he flew to Fort Worth, Texas, to meet her, and proposed "within five hours of the plane landing," he said.

In the home they just bought in suburban Washington, they have established a memorial room with photos and mementos of their former partners. "I feel that the spirits of his Lisa and my Kim helped bring us together," Debra Push said. "Because it's too perfect."

Last year, some of the victims' spouses and partners who marched down the aisle were promptly upbraided by relatives who questioned the weddings' seemliness. Now there is considerably less second-guessing.

The elements of chance, hope and

TAPE: One video shows both impacts

rom Page 1

m steady at many points in the hour-l g record — federal investigators who a studying the collapse of the towers s hey are now trying to get a copy.

lack of information on the first sn has posed a major challenge to en eers trying to understand exactly why the north tower crumbled. The tape ould, for example, help investiga-tors pin down the precise speed at which the first plane was moving when it struck the tower.

In an interview on Thursday, Hlava said through a translator — David Melichar, who with Karling now describes himself as Hlava's agent — that the language barrier had much to do with why no one beyond his family and friends had seen the tape. Finally, Hlava said, so much time had passed that he doubted anyone would still be interested.

"All his friends, they told him, 'Hey, you made a mistake — you waited too long.'" Melichar said.

Melichar also made it clear that the driver of the SUV had strong objections to releasing the tape. And because the driver, a native of Russia named Mike Cohen, is Hlava's boss on his construction job, that wish carried a certain weight.

"Three thousand people died in that place," Cohen said when reached on his cell phone. "I told him the day he's gonna sell that film, he's not gonna work for me anymore." The New York Times had not paid for the tape, and it had not been sold to any television station, Karling said on Saturday morning.

The tape was being shown on television for the first time on the program "This Week With George Stephanopoulos" on ABC on Sunday morning. ABC did not pay for the tape, said Tom Bettag, executive producer of the program.

On the morning of Sept. 11, Cohen was driving with Hlava, who was in the passenger seat, to a job site in Pennsylvania. Normally he would have driven around Manhattan. But Hlava's brother Josef had just arrived from the Czech Republic and was coming along on the trip to Pennsylvania. So, Cohen recalled, Hlava asked him if he would drive past the twin towers instead — Josef had never seen them up close.

Cohen had no objection, and he headed for the Brooklyn-Battery Tunnel. As they drove, he listened to talk radio in English and spoke to the Hlava brothers in Russian, which they understood by virtue of having grown up in a country that was part of the Eastern Bloc. As the brothers spoke to each other in Czech, occasional one- or two-word exchanges in English also punctuated the conversation.

Pavel Hlava also decided to try out a new Sony video camera by recording everything he could see on this trip —

traffic, billboards, the cityscape — and send it back to his family in Europe. So, as the SUV drove toward the tunnel entrance, he zoomed in on the twin towers, which rose up beyond the other side of the East River, northwest of him.

"Now they are beautifully visible," Hlava narrated in the manner of home movies. "Do you see that? The two tallest buildings in New York: 411 meters."

The SUV continued toward the tunnel. The electronic signs over the toll booths flashed messages to commuters: "School's open; drive carefully" and "Sep 11, 2001; 8:45 a.m." Panning left, above the buses and delivery trucks and cars in the toll plaza, Hlava zoomed in on a poster for the Arnold Schwarzenegger film "Collateral Damage." A big yawn, presumably from Hlava, punctuated the tape. Then he panned to the right. There

> 'I told him the day he's gonna sell that film, he's not gonna work for me anymore.'

were the twin towers again, geometric shapes in whites and pale blues against the slightly deeper blue of the sky.

The tops of the towers stuck up above a white railing in the foreground, the south tower closest, the north tower, with its distinctive television antenna, behind.

Hlava would remember that as he zoomed in at that moment, he was looking at the camera's relatively low-resolution display, not through the viewfinder. He did not see the whitish object move nearly parallel to the top of the railing, toward the towers. His camera was jostling around slightly as the object went behind the northeast corner of the north tower.

What looked at first like a sort of avalanche of dust spurting from the tower's side, then like a silvery, expanding cloud, appeared in the image, growing until its upper edge reached high above the top of the tower.

American Airlines Flight 11 had struck the north tower, but seemingly no one at the toll plaza had noticed. The traffic crept forward toward the tunnel entrance. Hlava kept the camera on.

Inside the tunnel, Cohen heard a radio report that a small private plane had hit the World Trade Center. He warned the Hlava brothers that traffic could slow down, since the towers were straight ahead outside the tunnel.

But when they came into the sunlight, the north tower, looming above them, was bursting with flames, like a giant candlestick. "Stop, stop, Mike!" one of the brothers shouted in English. "Oh my God! Oh my God!" the other exclaimed.

"Stop, Mike," the first said again.

They stopped and got out of the SUV. Hlava could not absorb what he was seeing. He gamely tried to continue with his video postcard.

"A short while ago we were camering the twins and they were cool," he said in Czech. "And now they're on fire."

For some reason, Hlava turned the camera sideways, so in the videotape, the towers appeared to be horizontal. He turned it back.

Next there was the shrieking crescendo of a jet approaching from behind them. The volume of the noise was terrifying, Hlava later said. The dark shape of the plane shot into view, its right side tilted up so high that the wings seemed to be almost vertical.

The plane dived into the belly of the south tower, an orange fireball burst forth, and papers flew in every direction, fluttering through the air. What looked almost like a dual mushroom cloud crept up a corner of the tower.

People were heard screaming on the street. Car alarms went off, like demons released from the earth.

"Mike!" Hlava shouted. "I got it on tape!"

Someone else, possibly Josef, shouted: "It's an attack, brother. That's not normal."

After a few moments, the reply was "Let's leave or something else will happen, dude."

For a few minutes the brothers looked around for the plane, which seemed to have simply disappeared. In the confusion of the moment, Josef Hlava said he thought it must have shot through and fallen to the ground.

In spite of all the chaos, Hlava still recognized, on some level at least, that he had created an irreplaceable record. "I hope no one takes my camera," he said at one point.

By the time police officers had directed the SUV in a wide circle, first to the western edge of the island, then around its southern tip and northward again along the East River, Hlava had regained some of his composure and tried to continue with the video.

"Right now I'm under the Brooklyn Bridge and I'm taping," he said as they drove north, still very close to the burning twin towers. "After the Brooklyn Bridge," he said, panning backward toward the flames, "comes the catastrophe."

Soon thereafter, his camera was again rolling as the south tower tilted to one side and then fell amid heavy black smoke. "Mike!" Hlava shouted again. "Stop! Stop! Stop! Stop! Stop! Stop!"

"It's falling down!" he said in Czech. Then he shouted in English, "Downstairs, downstairs building," apparently meaning that it had fallen.

They drove on to Pennsylvania.

The New York Times

Abbildung von Räumen

Der russische Philosoph Pawel FLORENSKI stellt in seinem Buch *Raum und Zeit*[1] seine Gedanken zur Perspektive dar. Selbst für einen naturwissenschaftlich ausgebildeten Interessierten und Hobby-Zeichner sind diese Darlegungen sehr überraschend. Aber die Gedanken sind zwingend – und sehr folgenreich. Man kann zwar Räume aufeinander abbilden, aber mit kaum bedachten Konsequenzen. Nachfolgend ein kurzes Zitat von FLORENSKIS Überlegungen. Wir übergehen hier die komplexen Beweise, wie mehrdimensionale Räume – z.B. der dreidimensionale, der aber ohne die Zeit als vierter Dimension noch gar nicht die ganze Wirklichkeit umfaßt – auf einer zweidimensionalen Fläche – der Leinwand eines Kunstwerkes zum Beispiel[2] – abgebildet werden können. Es ist schon genug Anlaß zum Staunen, wenn man die Begrenzungs*flächen* von Volumina auf eine Fläche abzubilden beabsichtigt, was wegen der gleichen Dimension – Fläche auf Fläche – eigentlich einfach erscheint und doch unendlich viele Möglichkeiten umfaßt. Sehen wir uns nun an, was FLORENSKI dazu sagte:

»Gewiß, beide Räume, der abzubildende wie der abbildende, sind zweidimensional und in dieser Hinsicht verwandt; ihre Krümmung ist jedoch unterschiedlich, zudem ist sie bei dem abzubildenden Raum inkonstant, sie wechselt von Punkt zu Punkt; es ist unmöglich, den einen Raum auf den anderen zu legen, selbst wenn man einen von ihnen biegt – der Versuch eines solchen Auflegens führt unweigerlich zu Zerklüftungen und Falten einer der Oberflächen. Eine Eierschale – oder auch nur ein Stück davon – läßt sich in keiner Weise an die Oberfläche eines Marmortischs anlegen – dafür müßte man sie entformen, d. h. zu feinstem Staub zerdrücken; aus demselben Grund ist es unmöglich, ein Ei auf einem Blatt Papier oder auf der Leinwand im exakten Sinn des Worts abzubilden.

Die Entsprechung von Punkten in Räumen unterschiedlicher Krümmung setzt zwingend voraus, daß bestimmte Eigenschaften des Abzubildenden geopfert werden. Selbstverständlich ist hier nur die Rede von geometrischen Eigenschaften (sofern es um die Wiedergabe bestimmter Eigenschaften auf der Abbildung geht): Die Gesamtheit der

---

[1] Pawel FLORENSKI, *Raum und Zeit,* Verlag Edition KONTEXT; hg. von Olga RADETZKAJA und Ulrich WERNER, S. 77 f.

[2] Oder dem Negativ eines Filmes.

geometrischen Merkmale des Abzubildenden kann in der Abbildung auf keine Weise anwesend sein, und die Abbildung ist zwar in der einen oder anderen Hinsicht ihrem Original ähnlich, differiert jedoch notwendigerweise in vielen anderen Punkten. *Die Abbildung ist stets dem Original eher unähnlich als ähnlich.* Selbst der einfachste Fall, die Abbildung einer Kugel auf einer Fläche – das geometrische Schema der Kartographie – erweist sich als äußerst komplex und hat zur Erfindung Dutzender unterschiedlichster Verfahren geführt, sowohl projektiver mit Hilfe geradliniger Strahlen, die von einem bestimmten Punkt ausgehen, als auch nicht-projektiver, die durch komplexere Konstruktionen realisiert werden oder sich auf zahlenmäßige Berechnungen stützen. Und doch übergeht jedes dieser Verfahren, das darauf abzielt, eine bestimmte Eigenschaft des erfaßten Territoriums mit seinen Umrissen geographischer Objekte auf der Karte wiederzugeben, viele andere, die keineswegs weniger wichtig sind, und entstellt sie. Jedes Verfahren ist gut hinsichtlich eines streng definierten Ziels und untauglich, sobald andere Aufgaben gestellt werden. Mit anderen Worten, eine geographische Karte ist eine Abbildung und ist keine, sie ersetzt nicht die ursprüngliche Gestalt der Erde, und sei es in geometrischer Abstraktion, sondern dient lediglich als Hinweis auf ein bestimmtes Merkmal dieser Gestalt. Sie bildet ab, sofern wir uns geistig dem Abzubildenden selbst zuwenden, und sie bildet nicht ab, wenn sie uns nicht über sich selbst hinausführt, sondern uns auf sich selbst fixiert als auf eine Pseudo-Realität, ein Scheinbild der Wirklichkeit, und den Anspruch erhebt, eine sich selbst genügende Bedeutung zu haben.

Hier war die Rede vom einfachsten Fall. Die Formen der Wirklichkeit sind jedoch unendlich vielfältiger und komplexer als eine Kugel, und dementsprechend vielgestaltig können die Abbildungsverfahren jeder dieser Formen sein. Wenn man die Komplexität und Vielgestaltigkeit der Organisation dieses oder jenes räumlichen Bereichs in der wirklichen Welt in Betracht zieht, verliert sich der Verstand gänzlich in den zahllosen Möglichkeiten der Wiedergabe eines solchen Bereichs durch eine Abbildung – er verliert sich in der eigenen Freiheit. *Die Verfahren der Abbildung der Welt mathematisch zu normieren ist das Ansinnen einer wahnhaften Selbstüberschätzung.* Und wenn eine solche Normierung, die zudem mathematische Beweiskraft für sich in Anspruch nimmt, ja, mehr noch – Einzigartigkeit und Ausschließlichkeit –, ohne weitere Erwägungen mit einem einzigen, und zwar dem allerspeziellsten Fall einer Entsprechung in Verbindung gebracht wird, so scheint es, als mache man sich über uns lustig. *Das perspektivische Bild der Welt ist nicht mehr als **ein** technisches Zeichenverfahren.* Wenn jemand wünscht, es aus kompositorischen oder irgendwelchen anderen rein ästhetischen Überlegungen zu verteidigen, so wäre das ein anderes Thema; obwohl, nebenbei gesagt, von Versuchen, die Perspektive namentlich in dieser Richtung zu verteidigen, nichts zu vernehmen ist.

Es hat jedoch keinen Zweck, sich bei dieser Verteidigung auf die Geometrie oder die Psychophysiologie zu berufen; außer der Widerlegung der Perspektive wird man hier nichts finden.«

Diese Überlegungen geben erst recht Anlaß zu einer umgekehrten Betrachtung. Es ist, wie FLORENSKI dargelegt hat, offensichtlich so, daß dreidimensionale Vorgänge im Raum und in der Zeit (als eigentlich zu berücksichtigender 4. Dimension) außerordentlich komplexer sind, als sie uns auf einem zwei-dimensionalen Fernsehmonitor erscheinen.[3] Dieser ist aber heute für viele Menschen bereits zur Ersatz-Wirklichkeit geworden, und im modernen Kunstgeschwätz wird ja auch vornehmlich über Cyber-›Raum‹ oder Video-Installationen gesprochen, Dinge, denen mehr und mehr jeglicher Bezug zur lebendigen Wirklichkeit fehlt. Wir dürfen uns daher nicht wundern, wenn es den Menschen zunehmend schwerer fällt, Realität und Einbildung auseinanderzuhalten. Wenn wir uns nun wieder den Ereignissen des 11. September zuwenden, so muß ganz nachdrücklich darauf hingewiesen werden, daß diese ›Wirklichkeit‹ eine der Fernsehbilder war. Es waren dies zweidimensionale Fernseh-Bilder, die Millionen gesehen haben, zusätzlich verstärkt mit einer seither nicht unterbrochenen Propaganda-Kampagne, als die die offizielle Erklärung nur angesehen werden kann.

Die Schwierigkeiten oder die unendlich vielen Möglichkeiten, die reale drei- bzw. vierdimensionale Welt auf zwei Dimensionen abzubilden, gelten umgekehrt in viel stärkerem Maß, weil mit einem of-

---

[3] Der ›Verlauf der Zeit‹, also die zeitliche Dimension, wird hier obendrein durch eine Vielzahl von jeweils gegenüber den vorangegangenen leicht veränderten Bildern simuliert – für TV-Aufnahmen mit einer Frequenz von 25 Bildern pro Sekunde. Man erkennt allein hieraus, daß die Bewegung, also jene Eigenschaft von Körpern, anhand deren wir den ›Verlauf der Zeit‹ überhaupt nur erkennen können, reiner Illusion entspringt, denn jene 25 Bilder pro Sekunde sind ja tatsächlich ›stehende‹ Bilder. Was wir also ›erkennen‹, ist tatsächlich ein in unserem Kopf zusammengesetztes Konstrukt, das wir für die Wirklichkeit halten.

fersichtlichen Weniger an Information/Daten aus der zweidimensionalen Bildwelt wieder auf die drei- bzw. vierdimensionale Realität geschlossen werden muß. Wir ›konstruieren‹ ja in unserem Kopf die ›Realität‹ jener Vorgänge, die wir doch nur als Fernseh-Bilder, also als virtuelle Realität, gesehen haben. Es ist aus diesem Umstand schon unmittelbar ersichtlich, daß diese Rekonstruktion der Wirklichkeit mit Hilfe des Vorstellungsvermögens (d.h. der Einbildung) nur gelingt (gelingen kann) und notwendig als eine kaum separierbare Mischung aus Sein und Schein angesehen werden muß. Wir sind uns dessen im Alltag nicht bewußt, weil in einem Film meist tatsächlich alltägliche Dinge ablaufen und unsere Rekonstruktion – im Kopf als geistige Vorstellung der Wirklichkeit – sich in den meisten Fällen *nicht* als falsch herausstellt. Man kann nur daraus keine allgemeingültige Regel, wie ein Naturgesetz, ableiten, sonst müßten wir ja auch Science-fiction-Filme, wie u. a. »Raumschiff Enterprise«, als ›bewiesene‹ Realität ansehen. Auf solch absurde Ideen kommen aber vernünftige Menschen doch nicht.

Es ist auch überraschend, wie die geometrische Analyse und genaue Vermessung der Bilder der Ereignisse des 11. September, und zwar jene, die man offiziell und von den Medien als ›Beweise‹ präsentierte, dann zu sehr überraschenden Ergebnissen führten. Die Suggestion der zweidimensionalen Bilder ist vor allem für den mit Abbildungsverfahren nicht Vertrauten sehr groß, das heißt, es *scheint* alles zu passen, so daß der naive Betrachter die objektiven Tatbestände nicht einmal ahnt: Das Kausalgesetz von Ursache und Wirkung scheint für ihn erfüllt zu sein. Aber es ist dennoch Täuschung. Hinzu kommt auch noch, daß die Vorgänge, wenn es insgesamt reale Vorgänge gewesen *wären*, sehr schnell ablaufen: Also Anflug, Crash und Explosion vollziehen sich im entscheidenden Augenblick in Bruchteilen von Sekunden.

Das eigentliche Problem im Fall der WTC-Crashs liegt in der unbestreitbaren Tatsache, daß viele Menschen die *Wirkungen* der Explosionen – Feuer- und später Rauchwolken – gesehen haben, aber nicht den Anflug, den Crash, ja nicht einmal *den ersten Beginn* der Explosion. Die hörbare Detonation breitet sich nur mit Schallgeschwindigkeit aus, und selbst wenn man nahe dem Ereignis ist, dauert es Bruchteile von Sekunden und länger, bis man des Ereignisses gewahr wird. Die sofort einsetzende Propaganda und die, wie in einer Schleife ständig wiederholten Szenen am Bildschirm – nun mit ›Anflug und Crash‹, also *virtual reality* – mit der echten Explosion (man sollte aber hier auch nicht vergessen, daß man auch nur die Szenen am Südturm, nicht aber jene des Nordturms eingehämmert bekam) waren jene Mischung von Sein und Schein, die die Grenzen zwischen Einbildung – Hollywood – und Wirklichkeit *nicht mehr* erkennen ließen.

Psychologisch ist das leicht erklärt – und wir haben in unserem Buch[4] die ökonomischen, finanziellen, währungs- und geopolitischen Gründe dieses Ereignisses auch ausführlich dargelegt. Was hier getan werden soll, ist die geometrisch-mathematische Analyse jener Bilder, die gewissermaßen der offizielle ›Beweis‹ für jenes Verbrechen sind, das die US-Regierung ›islamischen Terroristen‹ sofort in die Schuhe zu schieben versuchte. Die natürlich viel interessantere Frage nach den Motiven und insbesondere den Folgen für die ganze Welt wird hier nicht behandelt, dies macht den Hauptteil unseres Buches *Wir werden schamlos irregeführt!* aus.

Methode des Vorgehens

Wir gehen hier sehr einfach vor: Es werden jene Bilder und Videos untersucht, die unmittelbar nach dem Ereignis in alle Welt gesendet und die von den Behörden und Medien als ›Beweise‹ des Ereignisses präsentiert wurden. Wir konzentrieren uns hier auch ausschließlich auf das ›Hauptereignis‹, den Crash ins WTC bzw. Pentagon. Wenn sich, was hier als Ergebnis vorweggenommen werden kann, der angebliche Anflug und der hierauf zurückgeführte Crash bzw. die Explosion auf den – von verschiedenen Aufnahme-Orten gemachten – Bildern räumlich nicht deckt, ist das Kausalgesetz verletzt, das heißt, das im Video scheinbar ablaufende Ereignis kann nicht der Realität entsprechen. Da die betroffenen Gebäude natürlich brannten und auch deutlich sichtbare Löcher zu erkennen waren, diese Fakten also der Realität zuzuordnen sind, bleibt als Möglichkeit der Erklärung der im Fernsehen in verschiedenen Variationen gezeigten Abläufe nur noch, daß das Flugzeug nicht echt, sprich kein reales war, sondern

---

[4] Gerhoch Reisegger, *Wir werden schamlos irregeführt! – Vom 11. September zum Irak-Krieg,* Hohenrain-Verlag, Tübingen 2003, ³2004. Die dort präsentierten Bilder werden in diesem ›Materialien-Buch‹ einer detaillierten wissenschaftlichen Analyse unterworfen und sind sozusagen eine kriminalistische Ergänzung des Hauptwerks, das sich vor allem der ausführlichen Beurteilung der allgemeinen Lage widmet und somit die wahrscheinlichen und wichtigsten Motive für jene den 11. September inszenierenden Kräfte in den USA ausbreitet.

durch Manipulation der Bilder/Videos hinzugefügt wurde.[5] Mit dieser einfachen, aber unabweisbaren Logik fällt dann die gesamte Geschichte über den 11. September als Lügengebäude in sich zusammen.

Eben aus diesem Grund haben wir uns *nicht* mit den Fragen beschäftigt, ob Flugzeugentführer ein vierfaches, komplexes Entführungsverbrechen überhaupt hätten zuwege bringen können, ob angebliche Telefongespräche so stattgefunden haben oder nicht, ob nun Passagiere in diesen Crashs umgekommen sind, beziehungsweise, wenn diese ›entführten Flugzeuge‹ ja nicht Ursache für die Ereignisse im WTC und Pentagon gewesen sein können (weil am Ort des spektakulären Verbrechens keine Flugzeuge nachzuweisen sind), wo sie denn dann verblieben sind. Es ist dann auch jegliche Spekulation über ›Bekenner-Videos‹ eines Osama BIN LADEN müßig, weil sie sich ja auf ein Nicht-Ereignis beziehen und daher entweder eine Fälschung interessierter Dienste sind oder ein ›Aufspringen‹ auf ein medial gemachtes Ereignis, aus welchen Gründen auch immer.

Diese Fragen stellen sich nicht mehr, wenn klar ist, daß jedenfalls keine angeblich entführten Flugzeuge am eigentlichen Ereignis – Explosionen (= Sprengungen) im WTC bzw. Pentagon – beteiligt waren. Ob irgendwo Flugzeuge gestartet sind, ob diese vom Kurs abwichen oder was mit solchen Maschinen geschehen sein mag, entzieht sich nicht nur unserer Kenntnis, sondern es entzieht sich insbesondere jeglicher Möglichkeit, darüber auch nur irgendeine zuverlässige Auskunft zu bekommen. Diese Fragen sind aber auch in dem Augenblick ohne Bedeutung, wenn feststeht, daß jedenfalls kein Flugzeug in den unmittelbaren Vorfällen des WTC und Pentagon verwickelt war. Diese Ereignisse allein waren – und sind es noch immer – jener Katalysa-

---

[5] Für Fachleute ist dies eine ebenso einfache Angelegenheit wie das Zusammenmischen von zwei Tonbändern zu einem einzigen. Physikalisch werden in einem wie im anderen Fall elektrische Signale auf einem digitalen Band ›addiert‹. Derartige Effekte können heute auch Hobby-Filmer per PC-Programm mit einem Tastendruck ihren Urlaubsfilmen hinzufügen. Die scheinbare Komplexität im Falle des WTC-Crashs besteht darin, daß dafür passende Filmaufnahmen eines im Anflug befindlichen Flugzeuges zeitlich so in die echten Aufnahmen des bereits brennenden Nordturmes hineinzumanipulieren sind, daß die Geometrie scheinbar paßt, und das Timing mit der echten Explosion abzustimmen ist. Dies ist aber auf digitalen Mischpulten eines Fernsehstudios eine geradezu alltägliche Sache. Daß sich schließlich die Geometrie doch als fehlerhaft erweisen sollte, ist das Ergebnis dieser Untersuchungen.

tor, ja sogar die einzige Begründung für eine dramatische Änderung der amerikanischen Politik.

Da diese Ereignisse – nämlich die spätere Sprengung der WTC-Türme, einer ganzen Reihe weiterer Gebäude im WTC-Komplex und von Teilen des Pentagons – viel mitumfassen, scheiden auch ›islamische Terroristen‹ als Täter aus. Es bleibt nur ein ›*inside-job*‹ – der obersten Spitzen der US-Regierung – übrig, der selbst komplex genug war, um ihn nicht als eine *ad-hoc*-Angelegenheit vorstellen zu können. Das heißt aber, daß die ganze Kommunikation der Geschichte von Anfang an Teil des ›Projekts‹ (= einer staatsstreichartigen Verschwörung von oben) gewesen ist, einschließlich jener emotionalen Ausschmückungen, die weder zu beweisen noch nachzuvollziehen sind. Sie haben für unsere Betrachtung daher auch nicht die geringste Bedeutung.

Bei einer Präsentation dieser geometrisch-mathematischen Untersuchungen wurde von einem Zuhörer, dem wenige Tage später verstorbenen Univ. Prof. Egon MATZNER, als Einwand gegen unsere Überlegungen vorgebracht, daß ein altes chinesisches Sprichwort sage: Man verstünde/sehe nur das, was man verstehen/sehen will. Das stimmt natürlich insbesondere für all jene Bereiche des Lebens, die politischen, ideologischen, dogmatischen. . . Betrachtungen unterworfen sind. Aus eben diesem Grund riet uns ein anderer Freund, ebenfalls Universitäts-Professor für Risiko-Forschung, alles Ideologische, Ökonomische, die Frage der Motive usw. gänzlich wegzulassen und eine rein naturwissenschaftliche Analyse der vorgefundenen Fakten durchzuführen. (Zu den Fakten zählen in diesem Sinn nur materielle Beweise, nicht jedoch ›Zeugenaussagen‹, die vielfachen Irrtümern oder auch absichtlichen Fälschungen unterworfen sein können.)

Der kritische Einwand ging also fehl, weil die euklidische Geometrie, die Strahlenoptik, die mathematischen Sätze, Pythagoras, Sinus und Cosinus, das Kausalgesetz im Bereich der physikalischen Welt und alle anderen hier allein zugrunde gelegten Naturgesetze nicht vom – ideologischen – Standpunkt eines Autors abhängen und diese Gesetze in Wien oder New York und sogar China in gleicher Weise gelten.

Wenn man sich hierauf verständigt hat – und es ist dies nicht eine Frage des persönlichen Geschmacks oder der Sympathie für den Autor, sondern eine *zwingende* Folge unseres naturwissenschaftlich-rationalen Weltbildes, das zu verlassen uns gänzlich unmöglich ist –, dann sind die Ergebnisse *unumstößlich*. Nur logische Fehler in den Annahmen oder einfache Rechenfehler könnten die Folgerungen umstoßen. Diese sind jedoch auszuschließen. Ungenauigkeiten der Vermessung

der Bilder sind grundsätzlich immer möglich, jedoch sind die hierdurch
verursachten Fehler so weit unterhalb der zulässigen Fehlergrenzen,
daß sie das Ergebnis nicht umstürzen könnten. Es bedarf zur Verifi-
zierung dieser Befunde auch nicht eines Lokalaugenscheins, einerseits,
weil dort nichts mehr zu sehen wäre, was die Befunde bestätigen oder
falsifizieren könnte, und außerdem sind dynamische Vorgänge
ohnedies ausschließlich über deren fotographische Dokumentation
allein zu analysieren, was an jedem Ort der Welt geschehen kann, an
dem die Bilder und Befunde verfügbar sind.

So bleiben noch als Fehlerquellen die Bilder selbst. Hierzu können
wir nur zweierlei sagen:

1. daß *wir* an den Bildern keinerlei wie immer geartete Manipulation vorgenommen haben (mit Ausnahme der Maßstriche, um dem
Leser den Vorgang zu verdeutlichen, was aber das Bild selbst nicht in
manipulativer Weise veränderte – und obendrein ja ein erkennbarer
Eingriff ist),

2. daß wir jene Bilder analysierten, die von den US-Behörden bzw.
Medien als ›Beweise‹ der ganzen Welt ununterbrochen vorgeführt
wurden.

Unser Schluß ist also – wir wiederholen dies – folgender: Wenn sich
bei einem Ereignis dieser Tragweite und weltpolitischen Bedeutung
herausstellt, daß die so massenhaft gelieferten Bilder Fälschungen sind
– gleich welcher Art –, dann ist die ganze darauf aufbauende Geschichte insgesamt falsch und ein einziges Lügengebäude. Da es sich ja auch
nicht um bloß einzelne oder Randbereiche handelt, die wir analysierten, sondern um *den Kern des Geschehens*, ist ein zufälliger Irrtum auch
gänzlich auszuschließen, sondern nur die systematische Fälschung von
Anfang an als gewiß anzunehmen.

Vermessung der Bilder

Bei einem realen Ereignis müssen die Bilder – gleichgültig von welchem Punkt sie gemacht werden – jeweils übereinstimmende Ergebnisse zeigen. Mit anderen Worten: Ein von unterschiedlichen Kameras fotographiertes Flugzeug muß bei entsprechender Berechnung des Kurses, etwa der Flughöhe, jeweils die gleiche Höhe ergeben. Oder, wenn ein Aufprall an einem Gebäude erfolgt und dieser Crash sichtbare Spuren hinterläßt – im Fall des WTC sowohl Löcher in der Fassade als auch angeblich durch Entzünden des Kerosins eine ›Explosion‹ an der Stelle des Aufpralls –, dann müssen die Folgen gemäß dem Gesetz von Ursache und nachfolgender Wirkung ebenfalls an der gleichen Stelle erfolgt sein.

Differieren der Ort der *Ursache* – das Flugzeug unmittelbar vor dem Aufprall im WTC – und jener der *Wirkung* – einerseits die sichtbare Explosion wie auch die nach Abzug der Explosions- und Rauchwolken ebenfalls klar sichtbaren Löcher –, so folgt daraus, daß die offensichtlichen Wirkungen nicht auf die angebliche Ursache – ins WTC hineingeflogene Kamikaze-Flugzeuge – zurückzuführen sind.

Da die Wirkungen – Explosion und Löcher in der Fassade und später sogar der vollständige Kollaps des WTC – nicht zu leugnen sind, muß eine andere Ursache zugrunde liegen. Da große Verkehrsmaschinen nicht in ein Gebäude krachen können, ohne Wirkungen zu hinterlassen, diese aber nicht an jener Stelle zu erkennen waren, wo sie nach den Videofilmen hätten sein müssen, ist deren Existenz nicht zu beweisen, da ein Flugzeug nicht ohne Spuren zu hinterlassen verschwinden kann.

Der springende Punkt ist also, ob es bewiesen werden kann, daß die Orte der Ursache und Wirkung identisch sind oder eben nicht.

Der Althistoriker Eduard MEYER (1855–1930) stellte 1925 fest:[1] »Für die Geschichte ist alles, was im Leben der Natur und des Menschen gesetzmäßig ist, einfach Voraussetzung. Daher kann eine Nachricht, die diesen Voraussetzungen widerspricht, niemals historisch, d. h., niemals die richtige Wiedergabe eines realen Vorganges sein, und wenn sie äußerlich noch so gut beglaubigt ist.«

---

[1] *Kleine Schriften*, Halle 1925, S. 35.

Wenn der Nachweis gelingt, daß im Fall des angeblichen WTC-Flugzeug-Crashs dieser nicht, wie behauptet, stattgefunden haben kann, hat dies nicht nur weitreichende politische Konsequenzen, sondern es wird mit einem Schlag auch klar, daß all den weiteren Geschichten (über entführte Flugzeuge, ums Leben gekommene Passagiere usw.), Aussagen von ›Augen‹-Zeugen über gesichtete Flugzeuge und ›technische Expertisen‹ über die von den Flugzeugen und dem Kerosin-Brand verursachten Kollapse usw. der Boden völlig entzogen ist.

Der Vermessung der Position der Löcher in der WTC-Fassade, der mutmaßlichen Flughöhe des Flugzeuges unmittelbar vor dem Einschlag und der Explosion kommt daher die größte Bedeutung zu. Bevor uns noch eine Satellitenaufnahme von Manhattan zur Verfügung stand – und somit eine exakte Karte der Gebäude-Lokationen –, versuchten wir aus den in den Bildern erkennbaren perspektivischen Verzerrungen auf die vermutliche Kameraposition für die jeweilige Aufnahme rückzuschließen, insbesondere auf die Entfernung vom fotographierten Objekt und den ungefähren Winkel der optischen Achse. Dies ist ohne weitere Bezugspunkte lediglich ein Anhaltspunkt, der aber zu unsicher und ungenau wäre, um eine Übertragung der aus den Fotos vermessenen Positionen auf die wirklichen des WTC zu ermöglichen.

Da jedoch die Maße des WTC und auch deren gegenseitige Lage bekannt waren, konnte jeweils die Richtung, aus der fotografiert wurde, genau bestimmt werden wie auch die ungefähre Gegend der Aufnahme. Dies geschah, indem der Bildausschnitt am wirklichen Objekt abgeschätzt wurde und aus einer Entfernungsberechnung, die mit den auf den Bildern meßbaren Höhenunterschieden der Seitenkanten des WTC möglich war. Dies hätte freilich nur zu einer zu ungenauen Berechnung der wirklichen Positionen aus den Bildvermessungen geführt. Da die meisten Bilder offenbar auch mit Teleobjektiv gemacht wurden und nur kleine Ausschnitte sichtbar waren, wäre eine Identifikation der sonstigen Gebäude im Bild auch kaum möglich gewesen.

Obige etwas mühsame Prozedur war aber insofern sehr hilfreich, als damit auf dem Satellitenbild Manhattans – nachdem zuvor schon die Aufnahmerichtung sehr genau bestimmt worden war – nun auch die als Standort in Frage kommenden Gebäude eindeutig zu identifizieren waren. Damit konnte einerseits die vorherige – ungefähre – Rechnung doch sehr schön bestätigt werden. Wichtiger war aber, daß die jetzt exakt meßbaren Entfernungen und die für den jeweiligen

Bildausschnitt notwendige Höhe des Aufnahme-Ortes bestimmt werden konnten.

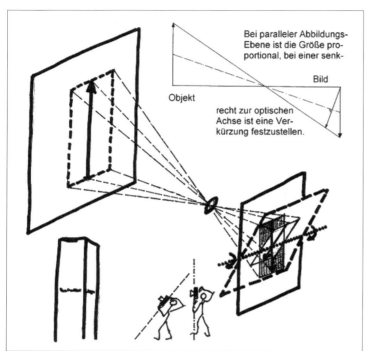

Bei paralleler Abbildungs-Ebene ist die Größe proportional, bei einer senk-

Objekt

Bild

recht zur optischen Achse ist eine Verkürzung festzustellen.

Mit diesen Daten war es einfach, maßstäbliche Skizzen anzufertigen, die den ›Aufriß‹ (bzw. Querschnitt) der Abbildungs-Geometrie zeigten, und insbesondere aufgrund des Bildausschnitts und Kamera-Standortes die optische Achse, also die Richtung des Kamera-Objektives und damit der Filmebene, zu bestimmen. Dies war die wichtigste Aufgabe, um die in den Bildern enthaltenen Verzerrungen, vor allem die Höhenverkürzungen, genau zu bestimmen (die je nach dem Winkel, unter dem etwas abgebildet wird, unterschiedlich sind). Wir gingen so vor, daß wir einen Maßstab in unserer Skizze von der Oberkante des WTC (dargestellt durch eine entsprechende Linie) auftrugen und diesen Maßstab mittels Projektionslinien vom ›Kamerastandpunkt‹ aus auf die Projektionsebene (für die unterschiedlichen Winkel, mit denen die Bilder jeweils gemacht wurden) übertrugen. Damit bekamen wir für die verschiedenen Längen – 100–130 m von der Oberkante WTC gemessen – die jeweiligen Faktoren, mit denen die am Bild gemessenen Längen zu korrigieren waren, um die wirkliche Position am WTC berechnen zu können.

Die Skizze zeigt, welche Wirkung die Haltung der Kamera in bezug auf perspektivische Verkürzungen hat. Jeder kennt von den eigenen Fotographien, wie beim ›Hinauf-Fotographieren‹ die Häuserkanten nach oben zusammenlaufen, das heißt nicht mehr parallel verlaufen, oder wie Straßen bei zunehmender Entfernung am Horizont in einen Punkt münden. Für die Architektur-Fotographie ist dieser Effekt sehr störend. Man kann das weitgehend ausschalten, wenn man die Ebene des Filmes (d. h. die Rückwand des Fotoapparates, an die der Film angepreßt ist) weitgehend parallel zu der zu fotographierenden Gebäudefassade einrichtet. Das ist bei professionellen Kameras möglich. Mit der üblichen Kompakt-Kamera natürlich nicht, es sei denn, man hält sie möglichst parallel zur Hauswand. Dazu benötigt man freilich ein Weitwinkel-Objektiv, da sonst der Bildausschnitt zu klein wird oder eine solche Aufnahme nicht zuläßt.

Bilder der WTC-Türme – die ja mit 415 und 417 m Höhe und oft einem zu nahen Standort der Hobby-Fotographen fast nicht zu fotographieren sind – sind auf den von den TV-Stationen gesendeten Aufnahmen erstaunlich unverzerrt. Die Gebäudekanten verlaufen auch bei scheinbar relativ nahe aufgenommenen Bildern nahezu parallel, was entweder auf eine optische Korrektur hindeutet, die am einfachsten schon bei der Aufnahme gemacht wird, indem der Film parallel zur Gebäudefassade ausgerichtet wird, oder auf eine größere Entfernung (und Verwendung von Teleobjektiven). Man könnte diese Korrektur auch nachträglich anbringen, indem das Fotopapier (das Positiv) auf einer entsprechend geneigten Platte liegend belichtet wird. Bei digitalen Bildern ist eine Pixel-weise Umrechnung per Computer möglich, um so Abbildungsfehler mit einer entsprechenden rechnerischen Transformation zu korrigieren. (Mit solchen Korrekturen haben wir es hier aber offensichtlich nicht zu tun.)

Bei den *nicht*korrigierten Bildern muß man daher die perspektivischen Verkürzungen auf dem Foto berechnen bzw. graphisch ermitteln, um eine Übereinstimmung oder Nicht-Übereinstimmung des Ortes des ›Flugzeug-Einschlages‹ bzw. der Explosion mit dem Kurs des Flugzeuges feststellen zu können. Wir benutzten für unsere Analysen verschiedene Aufnahmen.

(1) Bild (aus einer Serie), das die Sprengung des WTC-2 in Zeitlupe gewissermaßen verfolgen läßt. Der Aufnahme-Ort dafür ist östlich des WTC, ca. 1050 m entfernt auf einem ca. 140 m hohen Gebäude (US Courthouse).

(2) Aufnahme von CNN aus einem Video, das den scheinbaren Anflug einer Boeing 767 zeigt. Der Aufnahme-Ort *könnte* südöstlich des WTC und ca. 900 m entfernt auf einem Gebäude sein (b). Die Aufnahme müßte dann von diesem Gebäude in ca. 150 m Höhe und unter einem Winkel von ca. 10° gemacht worden sein. Die anderen Bilder vom angeblichen Anflug einer Boeing 767 zeigen jedoch Hochhäuser an der Südspitze Manhattans und East-River, so daß dafür nur das gegenüberliegende Ufer (Pier 3) in ca. 1800 m Entfernung in Betracht kommt (a), wobei der Aufnahmewinkel etwa gleich bleibt.

(3) Aufnahme der Löcher im WTC-2, nachdem sich der Rauch verzogen hat. Der Aufnahme-Ort ist südlich des WTC in ca. 570 m Entfernung. Das Bild wird aus ca. 127 m Höhe gemacht.

(4) Hier handelt es sich um jene beiden Bilder, die zum einen den scheinbaren Anflug der Boeing unmittelbar vor dem Crash, zum anderen die scheinbar *davon verursachte* folgende Explosion zeigen. Ebenfalls südlicher Aufnahme-Ort (Castle Clinton), fast gleiche Richtung wie bei (3), nur wenige Grade nach Osten verschoben. Entfernung ca. 900 m, Aufnahmehöhe maximal 25 m.

(5) Panoramabild der Skyline von Manhattan aus südlicher Richtung vom gegenüberliegenden Ufer – wahrscheinlich Governors Island – oder von einem Schiff aus.

(6) Panoramabild der Skyline von Manhattan aus südlicher Richtung, leicht nach Osten gedrehter Aufnahme-Ort von der Uferpromenade des Battery Park aus.

(7) Panoramabild von Manhattan (Titel des Buches von Noam Chomsky) vom Pier A an dessen äußerstem Ende an der Südspitze/Hudson River aus.

Mit den drei letzten Bildern versuchten wir die ungefähre Höhe der Gebäude zu berechnen und damit die Höhe der Aufnahme-Orte.

Das Satelliten-Bild von Manhattan bzw. eine Stadtkarte im Maßstab 1 : 10 000 zeigt die Standort- und Richtungsbestimmung.

Aus der folgenden Bildserie können wir eine Berechnung des Explosionsabstands machen. Die Bilderläuterung zur Sprengserie erklärt den dynamischen Verlauf des Geschehens. Außerdem sind aus dem Ausschnitt des Satellitenfotos von Manhattan die Aufnahmerichtung und der Kamera-Ort genau zu lokalisieren. Die Bildsequenz der Sprengung des Südturmes unterlegt anschaulich das Geschehen.

Das CNN-Bild (2) vom Anflug und kurz vor dem Aufprall der Boeing erlaubt, die relative Flughöhe in bezug auf das WTC zu bestimmen. Außerdem finden wir die möglichen Kamerapositionen (a) bzw. (b), wobei (b) aufgrund der vorangegangenen CNN-Bilder vom scheinbaren Anflug der Boeing nicht mehr in Betracht kommt und (a) am gegenüberliegenden Ufer des East-River (Pier 3) liegt.

Die Bilder der Skyline Manhattans dienen uns zur ungefähren Bestimmung der Höhe der verschiedenen markanten Gebäude, mit deren Hilfe wir die angenäherten Höhen der Kamera-Positionen feststellen können.

Die jeweilige Ansicht des WTC läßt die Richtung der Aufnahme einfach feststellen. Die markanten Gebäude im Vordergrund sind, wenn man ihre Lage herausfindet, Hinweise auf den Aufnahme-Ort (Höhe). Mit Hilfe der Satellitenaufnahme/Stadtplan ist es möglich, die Lokation zu finden. Zur Höhenabschätzung nutzten wir Bild (5, 6 und 7), auf dem das WTC-1 und verschiedene markante Gebäude – z. B. das Morgan Bank HQ mit der gekappten Pyramide als Dach – erkennbar sind. Aus den Ortsverhältnissen und der Projektion dieses Gebäude-Daches auf das WTC (Bild (2) können wir dessen ungefähre Höhe (Fehler im Bereich von 2 bis 3 %) feststellen. Da der Aufnahme-Ort und somit die jeweiligen Entfernungen abmeßbar sind, kann man eine Aufrißskizze machen und aus dem Strahlengang die Höhe des Kamera-Ortes konstruieren. Dieser ergab sich für den möglichen Ort (b) mit etwa 150 m.

Die Skizze des Strahlenganges zur Höhenermittlung berücksichtigt die Entfernungen, die aus der Aufnahme der Skyline gemessen wurden. Mit diesen Werten – Höhe der Kameraposition – kann die Neigung der Filmebene (Projektionsfläche) ermittelt werden und hieraus graphisch die dem Bild anhaftende Längenverkürzung in der Vertikalen (hier: 0,95) für den möglichen Ort (b). Allerdings haben die weiteren ›Anflugbilder‹ von CNN einen anderen Aufnahmeort bedingt. Dieser liegt am gegenüberliegenden Ufer des East-River auf ca. Seehöhe (Pier 3) und in einer Entfernung von 1800–1900 m (a). Damit ergeben sich wegen des kleineren Öffnungswinkels für das Bild geringere Abweichungen von der optischen Achse und somit kleinere vertikale Verzerrungen. Der geometrisch bestimmte Korrekturfaktor für die Abstände von der Oberkante des WTC von 100–130 m ist: 0,974 (dieser interessiert allein, da sich in diesem Bereich die auf den Bildern ersichtliche Flughöhe und die Explosion bzw. die Löcher in der Fassade befinden). Aus der Vermessung des Bildes (2) fanden wir die folgenden Werte:

$b' = b \cdot \cos 22° \rightarrow b' = 2{,}25$ cm $\rightarrow b = 2{,}25 / 0{,}927 = 2{,}427 \sim B = 63{,}5\text{m}$
$h' = 4{,}55$ cm $\rightarrow h = 4{,}55 / 0{,}961$ (bzw. **0,974**) $= 4{,}67 \rightarrow H = B \cdot h / b = 123{,}88* - \textbf{122,22m}$

Die Flughöhe errechnet sich aus dem CNN-Bild mit ~ 122,2 m unterhalb der Oberkante des WTC-2. Da das Flugzeug im Bild hinter der *vorderen Kante* des WTC-2 positioniert ist, auf die alle Berechnungen bezogen sind – nach dem späteren Loch zu schließen ca. 25 Meter dahinter –, muß man den sich aus der Projektion ergebenden Fehler berücksichtigen, der ~ 4,35 m betragen kann,[2] um die das Flugzeug zu hoch erscheint, das heißt, die Flughöhe liegt bei 126,6 m unterhalb der Oberkante des WTC. (* Diesen Wert haben wir nicht berücksichtigt, da der Ort (b) nicht in Frage kommt. Wir haben ihn hier nur berechnet, um die Sensitivität der Rechnung auf nähere Aufnahme-Orte zu prüfen. Auch hier wäre dieselbe Korrektur von ~ 4,35 m noch dazuzurechnen.)

Die Vermessung des Bildes vom Kamera-Ort (3) bezieht sich auf das Bild des WTC-2 mit den nach Abzug des Rauches gut *sichtbaren Löchern* in der Fassade.

Die Aufnahmerichtung und die genauen Abstände ergeben sich aus dem vergrößerten Lageplan des WTC-Komplexes. Der Aufnahme-Ort ist vom vergrößerten Satellitenbild erkennbar, der Winkel auf die Südwest-Kante des WTC-2 ergab sich aus dem sichtbaren Teil des dahinter liegenden WTC-1 mit 12° und der Schnittpunkt mit dieser Linie aus dem nahezu parallel zur Ostseite verlaufenden Sehstrahl. Damit konnte aus dem Satellitenbild der mögliche Aufnahme-Ort mit seinen Koordinaten festgestellt werden. Aus den verschiedenen Panorama-Aufnahmen entnimmt man die ungefähre Höhe des Kamera-Ortes. Sie muß jedenfalls hoch genug sein, um über die nahe vor den WTC-Gebäuden stehenden Hochhäuser zu blicken. Wir haben hierfür ~ 127 m ermittelt. Die Lageberechnung der Löcher erfolgte wie vorhin mit den hierfür geltenden Meßdaten und Korrekturen für die Seitenverkürzung (cos 12°) und die vertikalen Längen bei einem Blickwinkel nach oben von ~ 17°. Die hierfür geltenden Korrekturfaktoren für 100 bis 130 m wurde mit 0,9 ermittelt, das heißt, die Höhe des Loches von der Oberkante WTC liegt bei ~ 93,5 m.

Der vierte Aufnahme-Ort (4) bezieht sich auf die beiden Bilder, bei denen links ein Flugzeug scheinbar unmittelbar vor dem Crash ins WTC aufgenommen wurde und wo das zweite Bild die unmittelbar folgende Explosion zeigt, die man auf den angeblichen Crash einer Verkehrsmaschine und das dabei in Brand geratene Kerosin zurückführte.[3] Gegenüber dem vorigen Bild ist hier etwas mehr vom WTC-1 abgedeckt, das heißt, der Blickwinkel auf die linke Vorderkante des

---

[2] Die Korrektur ergibt sich aus: 25· sin10° = 25 · 0,174 = 4,35 m, graphisch ermittelt: ~ 4,3 m.

[3] An anderer Stelle wurde über den Unterschied von Explosion und Deflagration (Verbrennung) hingewiesen. Hier behandeln wir zunächst nur die geometrischen Möglichkeiten oder Unmöglichkeiten der Theorie mit den Flugzeugen, die als fliegende Bomben eingesetzt worden sein sollen.

WTC-2 beträgt hier ~ 15°, was auch zur Folge hat, daß die rechte Seite des WTC-2 etwas sichtbar geworden ist. Als Kamera-Ort haben wir Castle Clinton im Battery-Park in südlicher Richtung identifiziert, der ~ 900 m vom WTC-2 entfernt war. Die Höhe der Kamera-Position, um über die im Vordergrund stehenden Gebäude zu blicken, beträgt höchstens 25 m. Damit ergibt sich ein Aufnahmewinkel von 18 bis 20° für die beiden Aufnahmen. Die erste mit dem Flugzeug ist unter dem etwas steileren Winkel aufgenommen, es sind jedoch die Unterschiede in den Korrektur-Faktoren so gering, daß man sie vernachlässigen kann (0,91). Die Rechnung ist wie vorhin. Die Flughöhe errechnet sich damit zu 117,2 m, und sie ist damit vergleichbar mit jener aus einer anderen Aufnahme errechneten Höhe. Der Ort des Zentrums der Explosion wird in gleicher Weise berechnet, und es ergibt sich der von der Oberkante gemessene Abstand mit 96,67 m. Auch dieser Wert entspricht etwa dem Mittelabstand des größten Loches von der vorigen Rechnung. Der geringfügige Unterschied erklärt sich einerseits durch die Festlegung des ›Zentrums der Explosion‹, das ja nicht so genau bestimmbar ist wie die Mitte eines Loches, und andererseits, weil bei einem *virtuellen Ereignis* jedes Bild / Video individuell angefertigt werden muß. Es war daher zu erwarten, daß sich bei den jeweils ganz verschiedenen Positionen, Aufnahmewinkeln, Entfernungen Abweichungen um die ›Mittelwerte‹ ergeben würden.

Zusammenfassend kann man sagen, daß sich die Flughöhe aus unabhängigen Aufnahmen zwischen 117,2 bzw. 126,6 m und die Lage der Löcher bzw. der Explosion mit 93,5 bzw. 96,6 m ergeben haben; mit anderen Worten: daß der Abstand zwischen Flughöhe unmittelbar vor dem Crash und den angeblichen Folgen – Löcher in der Fassade bzw. Explosion – zwischen mindestens 20 und 33,1 m beträgt, oder, in Etagen ausgedrückt, liegen zwischen Ursache und vorgeblicher Wirkung 5,2 bis ~ 8,6 Stockwerke.

Ein letztes Bild auf den brennenden Nordturm zeigt, in welcher Höhe sich die unterste brennende Etage befindet. Es wurde aus großer Entfernung und fast ähnlicher Höhe wie das WTC gemacht. Die Verdrehung aus der Diagonale beträgt, wie leicht zu sehen ist, 10°. Damit errechnet sich die Höhe des Brandherdes mit etwa 49,35 m unterhalb der Oberkante des WTC. Dies entspricht knapp 13 Stockwerken. Die Dauer des freien Falls über diese Strecke beträgt etwas mehr als 3 Sekunden. Siehe Skizze nächste Seite.

Während dieser Zeit blieb beim Kollaps des WTC-1 der Sendemast vertikal stehen, was bei einer einseitigen Ursache für den angebli-

Abschätzung Brandebene zu Top

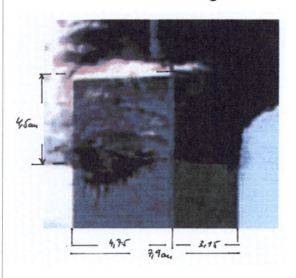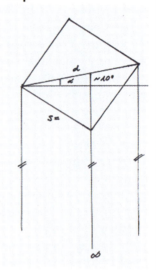

Sichtbar: halbe Diagonale unter dem Winkel 45 - 10 = 35 Grad.
s´ = s . cos 35;   S = 63,5m;   H = 63,5 . h´/ s;   cos 35 = 0,82
s´ = 4,75cm;   h´ = 4,5cm;   -   H = 63,5 . 4,5/5,79 = 49,35m

chen Verlust der Stabilität der tragenden Strukturen gänzlich unwahrscheinlich ist. Da der Sendemast an der obersten Plattform mit seitlichen Stahlseilen in seiner Lage fixiert ist, bedeutet das, daß diese oberste, stabile Plattform völlig waagrecht 50 m gefallen sein mußte, was wiederum heißt, daß die sie tragenden stählernen Stützpfeiler des Kernes allesamt im selben Augenblick abgesprengt worden sein mußten, da allein die kurzfristige Abstützung durch einen oder einige wenige Pfeiler die Platte hätte abkippen lassen müssen. Dies wiederum hätte der dann auch sich schräg stellende Mast sofort angezeigt. Daß die den Mast abstützenden Stahlseile während der Dauer dieses 50 Meter-Falles hielten, konnte man aus den Nahaufnahmen des Fernsehens gut erkennen, da der in seiner vertikalen Lage fixierte Mast nicht ausschlagen konnte, aber unter der Erschütterung durch die Explosion wie eine eingespannte Violinsaite eine stehende Schwingung vollführte, bevor er in der Staubwolke verschwand.

Siehe dazu nachfolgende Skizze.

Die oberste Plattform muß mit den tragenden Strukturen fest verbunden gewesen sein, ebenso wie die Stahlseile der Mastabstützung mit der Plattform. Wenn *nur* wenige oder gar nur *eine* der Säulen des Kerns auch nur kurzfristig hält, müßte die Plattform abkippen und mit ihr der Mast sich wie ein Zeiger aus der Vertikalen drehen.

Bei einer asymmetrischen Beschädigung des Kerns – dem einseitigen Einschlag einer Verkehrsmaschine – können nicht alle Säulen gleichzeitig und völlig gleichförmig nachgeben. Es bestand dafür auch nicht der geringste Grund, da einerseits das Feuer eher ein schwacher Schwelbrand war und keine so große Hitze entwickelt haben konnte, daß alle Säulen ihre Festigkeit verloren hätten. Überdies wurden die dem Einschlag abgewandten Säulen ja mechanisch nicht beschädigt, also auch nicht deren Feuerschutz, womit diese erst recht

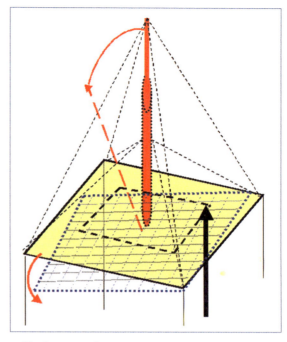

dem Brand für die Dauer bis zum Kollaps standhalten mußten. Der schwarze Pfeil symbolisiert die einseitige Unterstützung der gelben Plattform. Die die Gravitationslast abstützenden Stahlsäulen befinden sich innerhalb des gestrichelten Kerns.

Die Plattform kippt ab, wenn die meisten Säulen versagen würden, und mit ihr bewegt sich der Mast wie ein Zeiger aus der Vertikalen.

In den Formeln oder zur Bezeichnung der in den Bildern gemessenen Größen bedeuten:

h', b' die im Bild gemessenen Werte, wobei h' der von *der Oberkante des WTC gemessene Abstand* zu dem Loch in der Fassade oder zur Flughöhe des virtuellen Flugzeugs bzw. b' die geometrisch verzerrte Breite des WTC bedeutet.

h, b, h_B, b_B die entsprechenden mit den geometrischen Korrektur-Faktoren berechneten Werte der im Bild gemessenen Abstände. (Für die horizontalen Werte ist dies eine Korrektur mit dem Cosinus des Winkels, unter dem man das WTC seitlich von einer Frontalansicht erblickt; für die vertikalen Werte ist dies ein geometrisch ermittelter Korrektur-Faktor, abhängig vom Höhenwinkel, unter dem man auf die jeweiligen Ereignisse blickt.)

H, B die in der Realität tatsächlich vorhandenen Maße in m: der Abstand von der WTC-Oberkante bzw. die Breite des WTC (63,5 m).

Standorte der FS-Kameras während des ›Crashs‹ und des Brandes der WTC-Türme

(1) Aufnahme Sprengung des WTC-2 (Bilderserie)
(2) Aufnahme des CNN-Videos (**a**), (b) möglich bezüglich Bild (2) aber unwahrscheinlich wegen ›horizontalem Anflug der Boeing‹ über Manhattan
(3) Aufnahme der Löcher in der Fassade des WTC-2 mit brennendem Nordturm hinten
(4) Aufnahme des ›Doppelbildes‹ a. Anflug der Boeing unmittelbar vor dem Crash b. Kameraschwenk um ~ 2 ° nach unten bei Explosion
(5) Blick auf Skyline von Manhattan
(6) Blick vom Süden auf Skyline vom anderen Ufer – wahrscheinlich Liberty Island - aus in nördlicher Richtung
(7) Blick auf Skyline von Manhattan von einem Pier an der Südspitze der Hudson River-Seite

Detailkarte von Manhattan

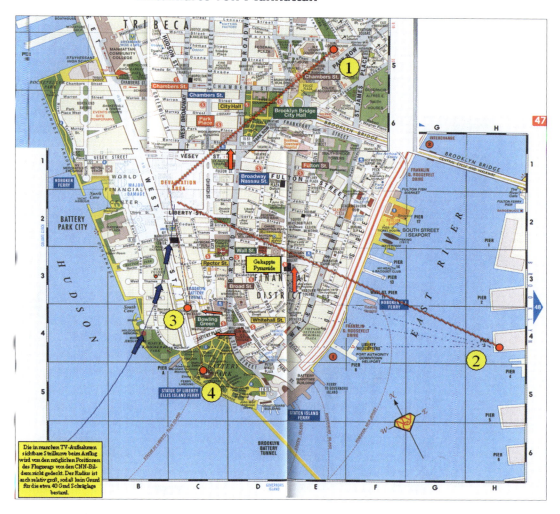

Karten-Maßstab 1 : 10 000 (in den Planquadraten entspricht die Sei-
tenlänge 300 m). Die roten Punkte markieren die jeweiligen Kamera-
Standorte, und die roten Linien bzw. einmal die blaue geben die Aufnahmerichtung zum WTC-Komplex an. Die roten Pfeile markieren
einige der markanten Gebäude, die in den Bildern unter anderem zur
Lagefeststellung der Kamera-Positionen herangezogen wurden. Die
blauen Pfeile entsprechen etwa den jeweiligen Kurspunkten des Flugzeugs auf den CNN-Bildern. Aus diesen Orts- und Richtungspfeilen
ergibt sich ein ziemlich großer Radius beim Anflug, der die von ande-

ren Fernsehaufnahmen erinnerliche extreme Steilkurve kurz vor dem Crash nicht nachvollziehbar macht. Die Lage des Flugzeugs auf den CNN-Bildern ist beim ersten (entsprechend dem untersten Pfeil) offensichtlich noch ziemlich waagrecht, und erst in weiterer Folge scheint das Flugzeug seine starke Schräglage einzunehmen. Hierfür ist aber in bezug auf den Crashpunkt vom ersten Pfeil her kein Grund mehr gegeben. Bei einer angenommenen Geschwindigkeit von ~ 500 km/h und einer Entfernung bis zum WTC von ca. noch 650 m ist die Zeitspanne dafür ~ 4,3 sek. Um zu einer Steilkurve Anlaß zu haben, müßte das Flugzeug vom Westen gekommen sein, was aber wegen des Kamera-Standortes am Pier 3 dann bedingt hätte, daß das Flugzeug nicht mit einer Seiten-, sondern mit einer Frontalansicht ins Bild gekommen wäre. Da dies nicht der Fall ist, kommt nur dieser Kurs als möglicher in Frage, mit einer Nichterklärung des Grundes für die Schräglage.

Orientierung anhand
eines perspektivischen Luftbildes von Manhattan

Links unten das U.S. Court House, ein ca. 140 m hohes Gebäude, von dem – der roten Linie entsprechend – über die Spitze des Woolworth-Gebäudes der Sprengverlauf des WTC-2 fotographisch festgehalten wurde. Die obere gelb-punktierte Linie ist die Blickrichtung über das Morgan Bank HQ auf den WTC-Südturm, dem die Bilder des CNN-Videos entstammen. Der Standort der Kamera am anderen Ufer des East-River ist hier nicht mehr zu sehen. Vom selben Punkt (am Pier 3) wurden die Bilder des scheinbaren Anflugs der Boeing 767 gemacht, wobei die obere Linie das am Südende Manhattans stehende Hochhaus (hier am oberen Bildrand) streift und auf das ›anfliegende‹ Flugzeug blickt. Auch aus dieser perspektivischen Sicht und der Lage der Pfeile, die dem Anflugkurs der Boeing, wie ihn die CNN-Bilder scheinbar zeigen, entsprechen, erkennt man unschwer, daß jenes in das WTC-2 crashende Flugzeug offensichtlich *keine* extreme Steilkurve fliegen mußte, wie dies von anderen Videos suggeriert wurde. Der äußerste Winkel, unter dem das Flugzeug in der CNN-Serie erstmals ins Bild kommt, streift – wie gesagt – jenes Hochhaus am Südende Manhattans. Unter diesem Blickwinkel zeigt sich das Flugzeug im Bild *aber von der Seite*, also annähernd quer zur optischen Achse. Würde es tatsächlich eine extreme Linkskurve fliegen, die scheinbar Anlaß für die starke

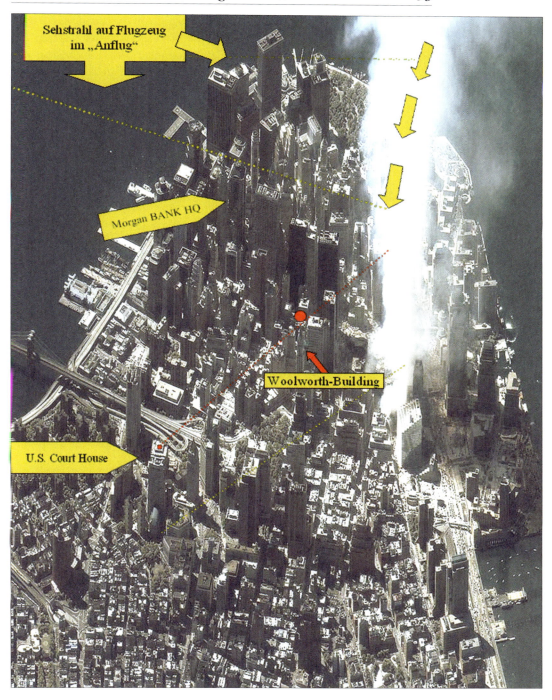

Sehstrahl auf Flugzeug im „Anflug"

Morgan BANK HQ

Woolworth-Building

U.S. Court House

Schräglage – ca. 40° um die Längsachse gedreht – der Tragflächen kurz vor bzw. beim virtuellen Einschlag in das WTC war, so müßte auf diesem Bild das Flugzeug mit einer *annähernden Frontalsicht* auf die Kamera zukommen, das heißt, man müßte die ausgebreiteten Tragflächen von vorn, und nicht den Rumpf der Länge nach sehen. Darüber hinaus wäre aber auf der verhältnismäßig kurzen Distanz von etwa 650 m zwischen dem ersten Bild (Pfeil) und dem letzten beim virtuellen Crash mit einer so schweren und schnell fliegenden Verkehrsmaschine eine so enge Kurve, wie sie das Video suggerierte, auch technisch wohl kaum möglich.

Man ersieht daraus, daß die von verschiedenen Orten fabrizierten Videos scheinbar den amtlich kolportierten Sachverhalt – entführte Flugzeuge werden von Kamikaze-Piloten als fliegende Bomben für diesen Terroranschlag eingesetzt – ›bestätigen‹. Wenn man aber, wie dies bei einem virtuellen Ereignis zwangsläufig der Fall ist, für all diese Perspektiven jeweils ein ›Original‹ erzeugen muß, ist es praktisch unvermeidlich, daß bei einer exakten Vermessung der Bilder zwischen den verschiedenen ›Originalen‹ teilweise starke Abweichungen und Widersprüche auftreten.

Wie im folgenden gezeigt wird, sind die genau bestimmten Orte (auf den Bildern, die ja das Geschehen der Weltöffentlichkeit ›beweisen‹ sollten) von Ursache und Wirkung (Flugzeug-Kurs unmittelbar vor dem Crash und Löcher in der Fassade bzw. sichtbare Explosionen) weit auseinanderliegend, und untereinander divergieren die Meßdaten desselben Ereignisses ebenfalls stark. Wir führen das auf die Schwierigkeit zurück, verschiedene ›Originale‹ aus unterschiedlichen Perspektiven exakt aufeinander abzustimmen. Die Möglichkeit, daß die Messungen zu ungenau oder Annahmen überhaupt falsch sind, scheiden praktisch aus, da die Überprüfung anhand des Stadtplanes, der Ingenieurspläne des WTC-Komplexes und der Satelliten-Bilder hier jeglichen Zweifel beseitigten. Außerdem wurden mit denselben Meßwerten und geometrischen Annahmen die Referenz-Gebäude nach Lage und Höhe bestimmt, wobei sich auch hier konsistente und korrekte Ergebnisse einstellten.

Bilderläuterungen zur Bilderserie
der Sprengung des Südturmes

Die nachfolgenden komprimierten und numerierten Bilder einer Video-Sequenz lassen sich auf einem PC gewissermaßen in Zeitlupe betrachten. Die Dynamik des Vorganges wird so in Einzelschritte aufgelöst und ist in der *zeitlichen* Reihenfolge und – aufgrund der bekannten Bildlauffrequenz – auch hinsichtlich des *zeitlichen Abstandes/Dauer* der Einzelereignisse sehr gut aufzulösen. Die Bilder lassen sich bei entsprechender Vergrößerung auch gut vermessen, so daß – wegen des jeweils unveränderten Aufnahme-Ortes – auch die *räumliche* Zuordnung der Ereignisse leicht und zweifelsfrei möglich wird.

Man erkennt ohne weiteres, wie sich unterhalb der schwarzen Rauchwolke eine *nicht* über die gesamte Breite des WTC sich ausbreitende weiß-graue Explosionswolke etwa im Verlauf einer Sekunde[1] aufbaut. Nach ca. einer weiteren Sekunde vollzieht sich derselbe Vorgang ein zweites Mal, diesmal drei Etagen unterhalb der ersten Explosionswolke (Bild 203). Bis zum Aufbau dieser Größe der Wolke dürfte rund eine Sekunde verstrichen sein, so daß der nicht sichtbare Beginn der Explosion etwa bei Bild 163 gelegen haben dürfte. Mit Bild 227

---

[1] Wir haben aus den numerierten Bildern der Filmaufnahme bei einer Bildfrequenz von 48B/s auf diesen Zeitverlauf geschlossen und darauf aufbauend den Zeitverlauf abgeschätzt. Nach Auskunft von ORF-Kameraleuten filmen diese mit elektronischen Kameras mit 25B/s, was auch der normalen Bildfrequenz mechanischer Kameras von 24B/s entspräche, die durch Abblenden scheinbar auf jene 48B/s kommen, die einen flimmerfreien Film ergeben. Die Explosionsgeschwindigkeit dürfte aber so groß sein – 2000m/s – , daß sich diese Explosionswolken viel rascher aufbauen. Dies legt die Vermutung nahe, daß diese Aufnahmen mit einer Hochgeschwindigkeitskamera gemacht wurden. Für professionelle Sprengunternehmen würde dies auch sehr sinnvoll sein, weil damit die Dynamik des Sprengvorgangs genau analysiert werden kann, was für die Beurteilung der geplanten Wirkungen im Vergleich mit den tatsächlichen von eminenter Bedeutung ist. D. h., daß hier nicht nur keine Amateure am Werk waren, nicht einmal normale FS-Teams, sondern jene, die die Sprengung planten und durchführten und dafür den besten Aufnahme-Ort und Spezial-Ausrüstungen wählten. – Für unsere Analyse bedeutet es, daß alles sehr viel schneller abgelaufen sein dürfte, als hier dargelegt. Um Verwirrung zu vermeiden, blieben wir bei der Abschätzung aufgrund der 48B/s Filmgeschwindigkeit, die aber – wie erwähnt – noch höher gewesen sein dürfte.

sieht man eine deutlich abgegrenzte und abermals drei Etagen tiefer hervorbrechende Explosionswolke, die ebenfalls bis zum Aufbau dieser Größe eine Sekunde früher und noch nicht sichtbar – d. h. etwa bei Bild 190 – begonnen haben müßte.

Das letzte, nicht zu dieser Serie gehörende Bild zeigt den bereits riesigen Staub-Pilz des noch *vor* dem Auftreffen auf dem Grund völlig desintegrierten WTC-Oberteiles (pulverisierter Beton, Staub und Asche) beim Herabstürzen. Bevor jedoch dieser Staub-›Vorhang‹ den unteren Teil des WTC den Blicken entzieht, ist abermals – völlig unmotiviert – eine über den mittleren Teil der Etage gehende Sprengwolke zu erkennen, genau in derselben Weise wie die zuvor beschriebenen. Der Einsturz des Südturmes um 9:59:04 Uhr dauerte nach den Aufzeichnungen des Lamont-Doherty Earth-Observatoriums 8 Sekunden. Da die untere Begrenzung des Staub-Pilzes inzwischen das untere Drittel des WTC erreicht hatte, sind ca. 6 bis 7 Sekunden seit Beginn des Kollapses verstrichen, das heißt, die auf dem letzten Bild sichtbare Explosion wurde eine Sekunde davor, also 5 bis 6 Sekunden nach Beginn des Einsturzes gezündet.

Der Grund für die nur über den Mittelteil der Etage sichtbare Explosion liegt offensichtlich in der Konstruktion und Lage des Südturms begründet. Die Sprengungen betreffen ja offensichtlich den die Gravitationslasten tragenden Kern, und zwar dessen vertikale Säulen. Diese stehen im Kern, der hier mit der Schmalseite zur ›Crash-Front‹ ausgerichtet ist, womit klarerweise zu Beginn nur in einem mittleren Bereich die Sprengwolken aus der Fassade hervorbrechen. Das Bild (nächste Seite) vom Bau des WTC zeigt dies anschaulich.

Die gesamte Dauer des Kollapses beim Südturm wurde wie gesagt mit 8 Sekunden registriert. Das ist die Zeit, die Trümmer im *freien Fall* unter Einwirkung der Schwerkraft brauchen, wenn sie aus ca. 315 bis 320 m Höhe herabstürzen. In dieser Höhe war beim Südturm der angebliche Einschlag des Flugzeuges – und die Löcher in der Fassade –, von wo aus die Sprengung des WTC eingeleitet wurde. Die oberen rund 30 Stockwerke wurden gleichzeitig mit der Sprengung des Turmes, die von oben nach unten verlief, bereits in der Luft in kleinste Partikel zerstäubt, die sich als Staubwolke stundenlang über Manhattan, ohne Bodenerschütterungen auszulösen, verteilten. Die Trümmer der Stahlkonstruktion – also die nicht wie die anderen Baumaterialien in kleinste Partikel auflösbaren Teile – fielen zu Boden, aber diese Massen haben keine bedeutsamen Erschütterungen verursacht, wie das Observatorium in seiner Analyse feststellte. Allein die kurze Dauer des Kollapses, die ›freien Fall‹ voraussetzt, spricht dagegen, daß das

Gebäude wegen Schwächung der statischen Konstruktion (wegen des Brandes) einstürzte. Wenn eine Etage nach der anderen durch die darüber liegenden zerstört worden wäre,[2] wäre jeweils Widerstand zu überwinden gewesen, was einen ›freien Fall‹ merkbar hätte verzögern müssen. Solchen Widerstand gab es aber offenbar nicht, da dieser durch die kontrollierten und zeitlich abgestimmten Sprengungen überwunden wurde.

Der noch nicht so weit fortgeschrittene Bau zeigt den Südturm (WTC-2), dessen linke Außenseite der Schmalseite des tragenden Kerns gegenüber liegt.

Der Blick auf die nachfolgenden Bilder der Sprengung des WTC-2 zeigt in der Mitte der beiden WTC-Türme die Spitze des Woolworth-Building. Eine Aufnahme aus geringerem Abstand – jedoch aus praktisch gleicher Blickrichtung wie die Sprengaufnahmen – bestätigt die Identifikation des Gebäudes. Es ist 60 Stockwerke hoch (220 bis 240 m – mit Turmspitze).

---

[2] So die ›offizielle‹ Theorie.

Höhenverhältnisse WTC, Woolworth-Building und Kamera-Standort:

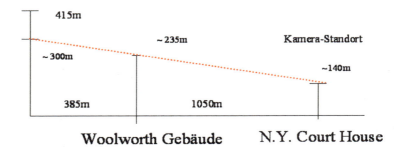

Kann sich jemand vorstellen, daß hier ›zufällig‹ ein ›Amateur‹ filmt? Oder daß dieser Standort – sozusagen am Dach eines Staatsgebäudes – einfach für ›zufällige‹ TV-Aufnahmen (wozu?) verfügbar war?

Obige ›Kirchturm‹-Spitze ist bei den folgenden Aufnahmen – aus größerer Entfernung (1050 m) – ein Bezugspunkt zur Lokalisierung der Sprengebenen. Dieses Bild dürfte vom N.Y. Country Court House gemacht worden sein.

Vermessung der Bilder der Sprengung des WTC-Südturmes (numerierte Bildsequenz, Kameraposition (1))

Die Bestimmung der Geometrie der Aufnahmen ist wichtig, um die auf den Bildern vermeßbaren Abstände in die wirklichen Maße umrechnen zu können. Aus den Bildern und den bekannten Maßen der WTC-Türme ist das sehr gut möglich. Die unten stehende Skizze verdeutlicht dies und zeigt, wie man mit einfachen Rechnungen aus bekannten Verhältnissen den Abstand der auf den Bildern sichtbaren Explosionswolken berechnen kann.

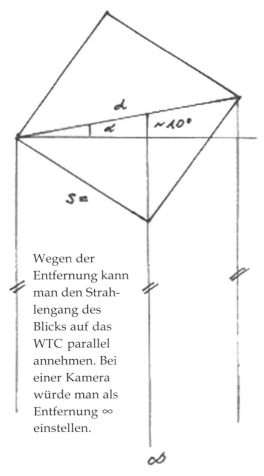

$s_1 = s_2 = s$

$\alpha \sim 5°$ $\rightarrow \cos 5° = 0{,}996$

$d' = d \cdot \cos 5°$ $\rightarrow$

$d' = 8{,}9\,cm \rightarrow$ $d_b = 8{,}9 / 0{,}996 = 8{,}936$

$\Delta = 1{,}2\,cm$ (Abstand Explosion auf Fotographien)

$D = s \cdot \sqrt{2} = 89{,}8\,m$

$\Delta : d_b = x : 89{,}8$

$x = \Delta \cdot 89{,}8 / d_b =$
$1{,}2 \cdot 89{,}8 / 8{,}936 \sim 12{,}06\,m$

Etagenhöhe[1]: 3,85 m   → d. h., der Abstand der beiden Explosionen beträgt ~*3 Stockwerke*

Entfernung Beobachter: etwa 1050 m

Aus den Bildvermessungen läßt sich aus den jeweils über eine ganze Etage gehenden Explosionen die beabsichtigte Regelmäßigkeit, mit der das WTC von oben nach unten gesprengt wurde, erkennen.

Wegen der Entfernung kann man den Strahlengang des Blicks auf das WTC parallel annehmen. Bei einer Kamera würde man als Entfernung ∞ einstellen.

---

[1] Angaben lt. Technischen Spezifikationen über das WTC.

Daß es sich um *kontrolliert* ausgeführte Sprengungen handelt, ist offensichtlich, da eine derartige, über jeweils bestimmte, ganze Etagen gehende Explosion nicht durch ›Zufall‹ entstanden sein konnte. Noch weniger die Wiederholungen *exakt je 3 Stockwerke tiefer*, nach einer offenbar genau berechneten zeitlichen Verzögerung. Der Verlauf des Aufbaus der Sprengwolke ist dabei in allen Fällen völlig identisch. Auf den numerierten Bildern 123 bis 147 erkennt man die sich aufbauende Sprengwolke, die auf den Bildern 155 bis 187 immer größer wird. Auf dem Bild 203 kommt nun die bereits deutlich sichtbare, 3 Etagen tiefer hervorbrechende neue Sprengwolke zum Vorschein. Mit anderen Worten: Zwischen dem Erscheinen der beiden Sprengwolken liegen 40 bis 50 Bilder, womit man bei Kenntnis der Bildlaufgeschwindigkeit auch den genauen zeitlichen Abstand weiß. Beim Film verschmelzen die stehenden Bilder bei einer Bildfrequenz von 46–48 Bildern pro Sekunde. Das heißt, zwischen erster und zweiter Explosion liegt ein zeitlicher Abstand von rund einer Sekunde. Dies paßt auch sowohl mit der *Gesamtdauer* des Kollapses von 8 (Südturm) bzw. 10 Sekunden (Nordturm) als auch mit den Aufzeichnungen der Seismographen des Lamont-Doherty Earth-Observatoriums der Columbia-Universität in Palisades, N.Y., zusammen.

Würden diese Erscheinungen – deutlich abgegrenzte und drei Etagen Abstand einhaltende Sprengwolken – von den herabstürzenden oberen Stockwerken verursacht worden sein, so müßten die aus dem Inneren hervorbrechenden Staub- bzw. Explosionswolken ja kontinuierlich von einem zum nächsten Stockwerk hervorbrechen, und nicht unter Einhaltung eines Abstandes von genau drei Etagen.

Bei genauer Betrachtung der Bilder scheint auch auf Bild 219 und noch deutlicher auf Bild 227 eine dritte Explosion – abermals, wie man vermessen kann – in gleichem Abstand hervorzubrechen. Man erkennt hier auch, wie sie auf der rechten Seite des WTC (des Bildes) nun ebenfalls hervorbricht.

Eine völlig gleichartige, über die ganze Etage gehende Explosion ist auf einem anderen Bild – es gehört nicht zu dieser Sequenz – unterhalb des herabstürzenden, bereits riesigen Staub- und Asche-Pilzes bei einem *weit unten liegenden* Stockwerk zu erkennen, wofür mangels Ursache – ›kollabierende‹ darüber liegende Stockwerke (die in diesem Augenblick ja noch unverändert stehen) – es keine einsichtige Erklärung gibt, außer eben die einer zeitlich verzögerten, kontrollierten Sprengung von oben nach unten.

Die rot umrahmten Explosionswolken markieren jeweils eine neue Sprengung, die sich über die ganze Etage ausbreitete. Zieht man eine

Bild unten: Aufnahme WTC-1 mit Woolworth-Gebäude, wahrscheinlich vom Henry Jackson Playground aus. (rund 2700 m vom WTC unter 6° sehr flach gesehen, etwa entlang der Henry Street). Höhe ca. 235 m.

(gelbe) Linie von der Unterkante der Umrahmungen, so erkennt man an der Position bezüglich des Referenzgebäudes (Turmspitze des mittleren Gebäudes), daß die untere Begrenzung der Explosionswolke jeweils um 3 Etagen tiefer hervorbricht. Auf dem letzten Bild ist die erste (oberste) Explosionswolke bereits in der großen schwarzen Wolke verschluckt worden. Der erste Rahmen ist gemäß der Position vom ersten Bild eingezeichnet worden, und man erkennt an den gelben Bezugslinien, daß die unterste Wolke auf eine neue – dritte – Sprengung zurückzuführen ist.

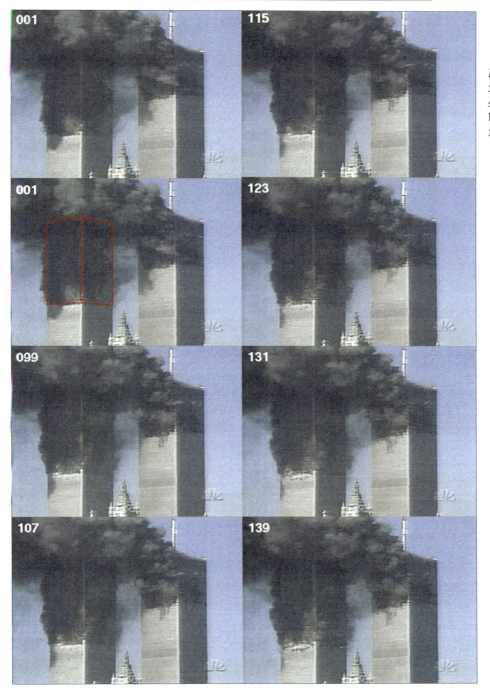

Bilder der
Spreng-
sequenz des
WTC-2,
Sequenz 1

*Bilder der
Spreng-
sequenz des
WTC-2,
Sequenz 2*

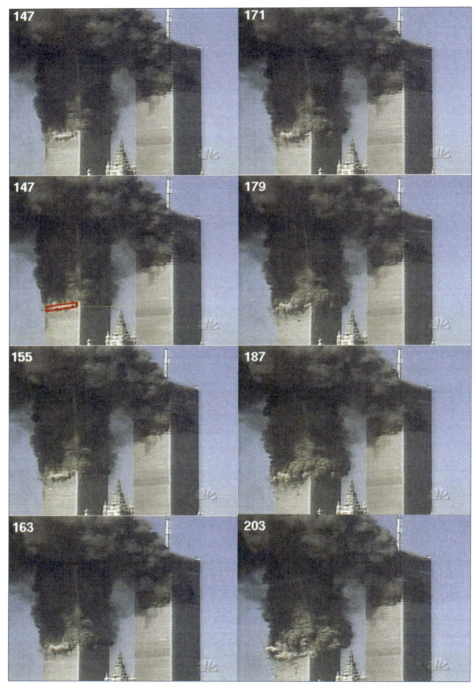

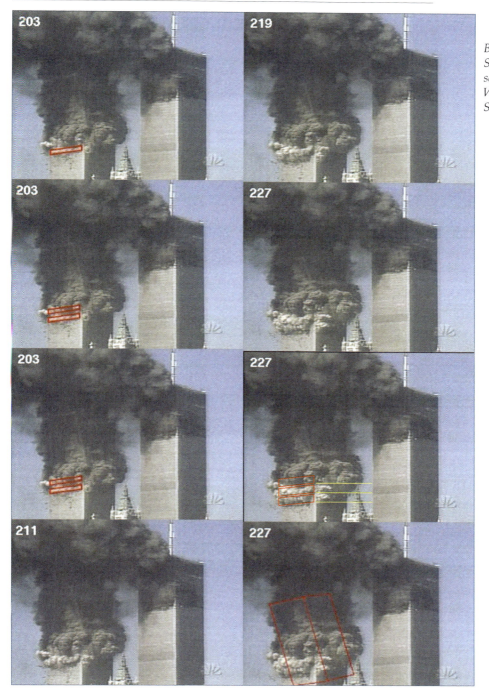

Bilder der Spreng-sequenz des WTC-2, Sequenz 3

*Bilder der
Spreng-
sequenz des
WTC-2,
Sequenz 4*

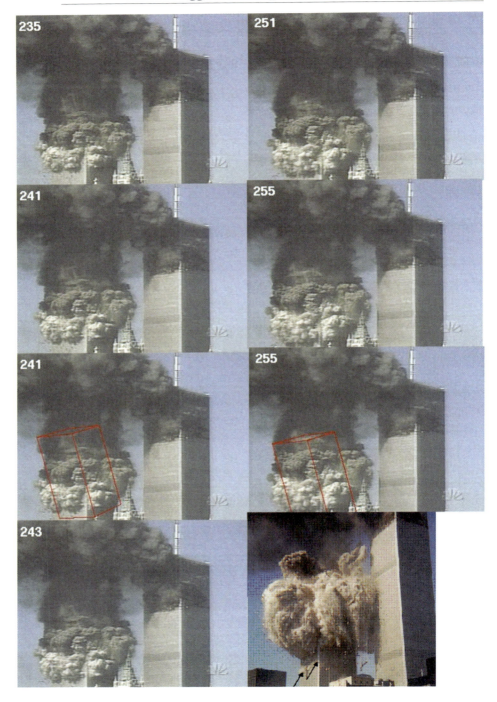

Blick vom Standort der Kamera für Bild (1) zu den WTC-Türmen (Beobachtung der Sprengung WTC-2)

Woolworth-Hochhaus mit der ›Kirchturm‹-Spitze im Vordergrund zwischen den beiden WTC-Türmen. Gelbe Line auf Grundriß, rote Linie vom erhöhten Standort über jenen Turm mit dem kirchturmartigen Dach auf das obere Viertel der WTC-Türme. Entfernung rund 1050 m.

Standort der Kamera am gegenüberliegenden Ufer Manhattans, etwa 2 km entfernt. Die 1. Aufnahme hat links das südlichste große Gebäude im Bild, das Flugzeug dürfte noch über dem Wasser sein. Auf dem 2. Bild überquert es die Uferlinie; auf der 3. Aufnahme befindet es sich südwestlich des WTC-2, in etwa 200 m Entfernung.

Bei den obigen Aufnahmen schwenkt die Kamera an ihrem Aufnahme-Ort (a) mit, dabei kommen verschiedene Gebäude Manhattans ins Bild.

Auf dem Satellitenbild haben wir die Blickrichtung jeweils dafür – ungefähr – eingezeichnet, ebenso die sich hieraus vermutlich ergebende Flugrichtung und Lage eines Flugzeuges. Wie aus den Fernsehbildern erinnerlich, schien die Maschine eine extrem steile Linkskurve gemacht zu haben, kurz bevor sie ins WTC-2 krachte. Nach diesen Aufnahmen zu schließen, konnte die Richtungsänderung nicht so stark gewesen sein, weil das erste Bild hier offensichtlich einen noch horizontalen Anflug zeigt.

Erst auf den letzten Metern dreht sich scheinbar das Flugzeug sehr stark um die Längsachse, was eine Steilkurve anzeigen würde, für die aber aufgrund des möglichen Radius kaum mehr Gelegenheit zu sein scheint. Die Flugdauer vom ersten Bild bis zum WTC kann bei einer Geschwindigkeit von 500km/h ungefähr 4 Sekunden betragen haben.

Dies war und ist seither *die zentrale Botschaft* von Beginn an: Amerika wird angegriffen und von ›Hijackern‹ entführte Flugzeuge wurden ins WTC und ins Pentagon gekracht.

Darauf wurde einige Mühe verwendet, um dies ›plausibel‹ und ›glaubhaft‹ zu machen. Es sind jedoch, wie wir hier zeigen konnten, einige Fehler passiert, die die Unmöglichkeit der Story erweisen.

Bemerkenswert ist auch die nachträgliche Erkenntnis, wo überall Kameras postiert waren: einerseits dort, wo man den besten Blick auf das Geschehen hatte, und an Orten, die zum größten Teil nicht öffentlich zugänglich sind. Mit anderen Worten: Die angeblichen ›Amateur-Videos‹ sind nicht glaubwürdig. Es handelte sich um gut vorgeplante Standorte mit offenbar dafür vorgeplanten Bildsequenzen von Flugzeugen, die dann praktisch ›im richtigen Augenblick‹ elektronisch zu den *real-time* Bildern der brennenden Türme dazu-›addiert‹ wurden.

Die dafür verfügbare äußerst knappe Zeitspanne erlaubte es jedoch nicht, manche Plumpheit der Fälschung zu korrigieren oder zu vermeiden.

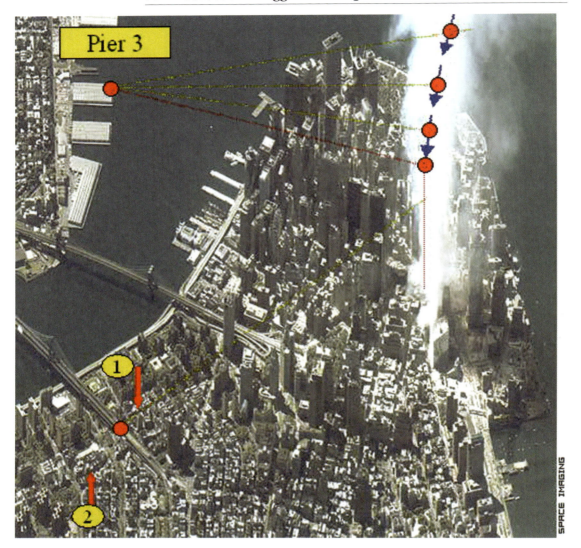

Blick vom Pier 3 über Morgan Bank HQ auf jenen Ort, wo früher das WTC-2 stand. Die anderen Blickrichtungen zeigen den *virtuellen* Anflug der Boeing gemäß CNN-Video.

Die Pfeilspitze von (1) zeigt auf die Madison Street, jene von (2) auf den East Broadway. Der rote Punkt zwischen den beiden Pfeilspitzen liegt auf der Rampe der Manhattan-Bridge, wo diese die Henry Street überquert.

Analyse CNN-Bild (2)
und Bestimmung der Kamera-Position

Die Aufnahme ist um 22° gegenüber einer Frontalansicht des WTC verdreht, das heißt, man sieht die Seitenbreite auf dem Bild um den Cosinus von 22 Grad verkürzt.

Aus den Vermessungen des Bildes und der Kenntnis des Aufnahme-Ortes kennt man seine Entfernung und Höhe und weiß daher, daß dieses Bild unter einem Winkel der optischen Achse von ~10° gemacht wurde. Damit kann man auch die vertikalen Verkürzungen von der Oberkante bis zur Flughöhe der Boeing geometrisch ermitteln und somit den Abstand von der Oberkante genau berechnen. Er beträgt – vorläufig – 122,2 m.

Die Höhe des markanten Gebäudes im Vordergrund (Morgan Bank HQ) kann sehr gut aus verschiedenen Aufnahmen der Skyline von Manhattan abgeschätzt werden.[1]

Mit der so gefundenen Höhe und der bekannten Blickrichtung ließe sich ein hypothetischer zweiter Kamera-Standort (b) finden: eine im Abstand vom Aufnahme-Ort (b) in der Skizze eingetragene Vertikale zeigt an, wie hoch der Aufnahme-Ort mindestens gelegen sein müßte, um über das Dach zum Flugzeug kurz vor dem Crash peilen zu können. Da dieser Punkt etwa in Bildmitte liegt, ist die Neigung

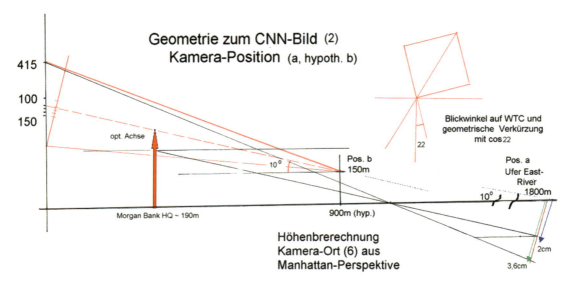

Unter derselben optischen Achse erblickt man das WTC mit der anfliegenden ›Boeing‹, wenn man vom anderen Ufer des East-River in dieselbe Richtung blickt und am Ufer steht. In diesem Fall – wegen der flacheren Winkel, unter denen man das Geschehen betrachtet – fallen die Verkürzungen etwas geringer aus. Der Beobachtungspunkt East-River ist zwingend, da die anderen Bilder vom ›Anflug‹ Gebäude zeigen, die man nur von dort her sehen kann.

---

[1] Von einem entfernten Aufnahmepunkt (5) bzw. (6), von dem aus beide Gebäude zu sehen sind – WTC und jenes mit der gekappten Pyramide –, entnimmt man die Abstände zum Kamerapunkt (5) und fertigt eine maßstäbliche Skizze an. Die bekannte Höhe des WTC und sein Abstand zur Kamera werden in der Skizze eingezeichnet und die Höhe auf dem Panoramabild auf der *Abbildungsebene* (dieser entspricht die Fotographie, Pfeilspitze nach unten). In dieselbe Abbildungsebene überträgt man auch die Höhe des Pyramidenstumpf-Gebäudes aus der Fotographie, und indem man bis zur Senkrechten – im maßstabsgetreuen Abstand von der Kamera – diesen Strahl verlängert, erhält man im Schnittpunkt die korrekte relative Höhe zum WTC in der Skizze.

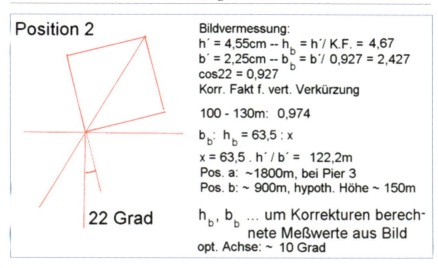

Position 2

Bildvermessung:
$h' = 4{,}55$cm -- $h_b = h'/$ K.F. $= 4{,}67$
$b' = 2{,}25$cm -- $b_b = b'/\ 0{,}927 = 2{,}427$
$\cos 22 = 0{,}927$
Korr. Fakt f. vert. Verkürzung

100 - 130m: $0{,}974$

$b_b : h_b = 63{,}5 : x$

$x = 63{,}5 \cdot h'/b' = \ 122{,}2$m
Pos. a: ~1800m, bei Pier 3
Pos. b: ~ 900m, hypoth. Höhe ~ 150m

22 Grad h_b, b_b ... um Korrekturen berechnete Meßwerte aus Bild
opt. Achse: ~ 10 Grad

des ›Peilstrahls‹ auch die Richtung der optischen Achse, die das Ausmaß der Verkürzung in der Vertikalen anzeigt. Die gefundene Neigung ist ~ 10°, womit sich ein Verkürzungsfaktor um 0,974 ergibt.

Mit diesen Meßwerten aus der CNN-Aufnahme und den Korrekturen aufgrund der geometrischen Verzerrungen beträgt die aufgrund dieser Annahme errechnete Flughöhe 123,88 m unterhalb der WTC-Oberkante.

Wegen der von CNN übertragenen Aufnahmen des ›scheinbaren Anfluges‹ der Boeing 767 kommen auch andere Gebäude Manhattans ins Bild. Diese bedingen einen *weiter entfernten* Aufnahmepunkt für Bild (2), nämlich am anderen Ufer des East-River, bei gleicher Aufnahmerichtung. Auch die optische Achse bleibt praktisch gleich (10°), nur die Bildöffnungswinkel werden geringer, womit sich etwas kleinere Korrekturfaktoren ergeben. Dieser Aufnahme-Ort ist mit (a) in den Bildern bezeichnet, und er liegt etwa 1800 m vom WTC entfernt. Die errechneten Höhen unterscheiden sich geringfügig um ~ 0,5 m.

Panorama-Bild Manhattan: Hieraus – und mit Hilfe des Lageplans der Gebäude – läßt sich ungefähr die Höhe des Gebäudes im Vordergrund des WTC auf dem CNN-Bild abschätzen. Die Berechnungen der Höhen markanter Gebäude wurden mit einigen schärferen Aufnahmen nachgerechnet und korrigiert. Bild (6) und (7).

Panoramabild (7), aus dem die Höhen verschiedener markanter Gebäude abgeschätzt wurden.

Höhen im Panoramabild

Die wahren Entfernungen der Gebäude werden aus dem Satelliten-
foto entnommen. Die unten stehende Skizze der optischen Abbildung
ermöglicht die Feststellung der wahren Höhe des Gebäudes im Vordergrund des WTC-2.

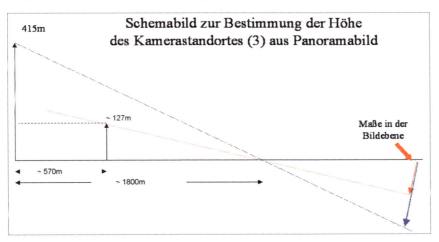

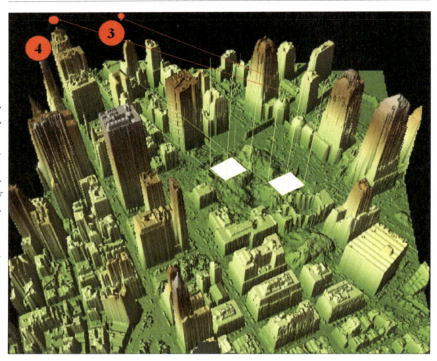

Die Skizze am Ort der früheren WTC-Türme zeigt perspektivisch, wo die Kamera-Positionen gewesen sind und unter welchem Winkel auf die WTC-Türme geblickt wurde. Die genaue Lokation ist auf dem Satellitenbild damit auffindbar.

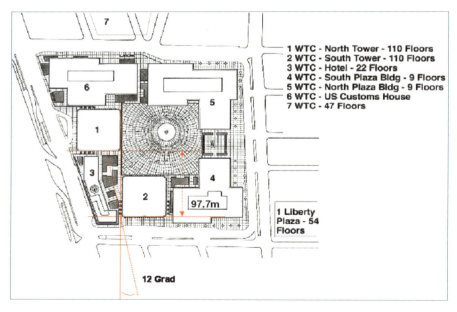

1 WTC - North Tower - 110 Floors
2 WTC - South Tower - 110 Floors
3 WTC - Hotel - 22 Floors
4 WTC - South Plaza Bldg - 9 Floors
5 WTC - North Plaza Bldg - 9 Floors
6 WTC - US Customs House
7 WTC - 47 Floors

97,7m

1 Liberty
Plaza - 54
Floors

12 Grad

Lageplan WTC-Türme. Blickwinkel für Bild (3) – Löcher im WTC-Südturm – unter ~ 12° gegenüber Frontalansicht.

Lage der Aufnahme-Orte für die Bilder (3) und (4)

Vom Standpunkt (3) sind die im Vordergrund vor dem WTC befindlichen Gebäude nicht hoch genug, um den freien Blick auf die Löcher in der Fassade zu behindern. Der Blickwinkel ist entsprechend steil. Der Standort der Kamera ist etwa 570 m entfernt und ca. 127 m hoch und führt zu einem Blickwinkel von ~17°.

Der Kamera-Ort für Bild (4) liegt in fast gleicher Richtung wie jener von (3), ist jedoch rund 900 m entfernt, der Aufnahmewinkel beträgt ca. 18° bzw. ~20°. Die Ergebnisse sind in den Skizzen abzulesen.

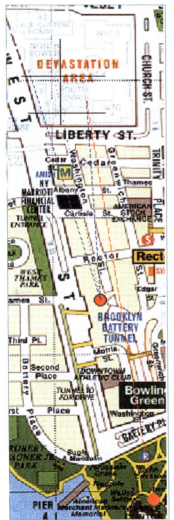

Lageplan der Aufnahme-Orte für Bild (3) und (4)

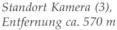

Standort Kamera (3), Entfernung ca. 570 m

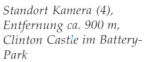

Standort Kamera (4), Entfernung ca. 900 m, Clinton Castle im Battery-Park

Satellitenbild der Lage der Aufnahme-Orte für Bild (3) und (4)

Bild (3): WTC-2 mit Löchern und Maßpfeilen

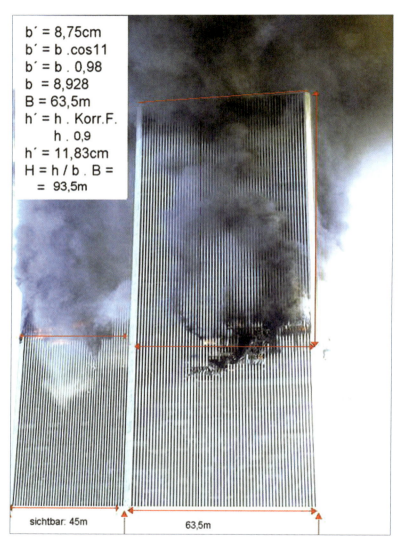

b´ = 8,75cm
b´ = b .cos11
b´ = b . 0,98
b = 8,928
B = 63,5m
h´ = h . Korr.F.
    h . 0,9
h´ = 11,83cm
H = h / b . B =
  = 93,5m

sichtbar: 45m

63,5m

Die Daten nach Vermessung dieses Fotos wurden mit den aus den geometrischen Verhältnissen gefundenen Korrekturen in echte Daten am realen WTC umgerechnet. Die geometrischen Verhältnisse sind aus den nachfolgenden Skizzen zu entnehmen. Die sichtbare Breite des Nordturmes ist durch Abzählen der Außenstützen einfach feststellbar plus zwei für die abgeschnittene Kante.

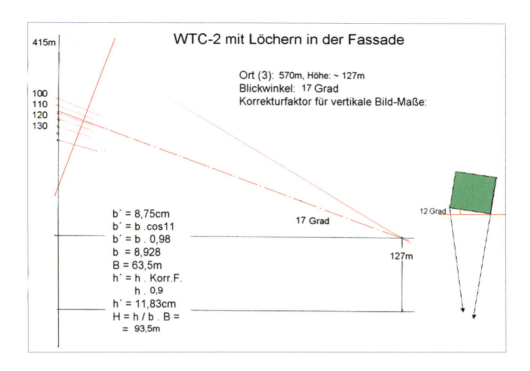

WTC-2 mit Löchern in der Fassade

415m

100
110
120
130

Ort (3): 570m, Höhe: ~ 127m
Blickwinkel: 17 Grad
Korrekturfaktor für vertikale Bild-Maße:

b´ = 8,75cm
b´ = b .cos11
b´ = b . 0,98
b = 8,928
B = 63,5m
h´ = h . Korr.F.
 h . 0,9
h´ = 11,83cm
H = h / b . B =
 = 93,5m

17 Grad

12 Grad

127m

Obige Skizze gibt die geometrischen Verhältnisse für den Standort (3) an (Blick auf das WTC-2 mit den Löchern in der Fassade). Als Standort kommt nur das im Lageplan bezeichnete Gebäude in Frage, das etwa 570 m vom WTC-2 entfernt und 110 m hoch ist. Der vertikale Blickwinkel beträgt ~ 20°, womit sich der Korrekturfaktor für die am Bild vermessenen vertikalen Längen wie folgt verändert:

100 – 130m : 0,9

Dies hat zur Folge, daß das mittlere große Loch in einem Abstand von 93,5m von der WTC-Oberkante liegt.

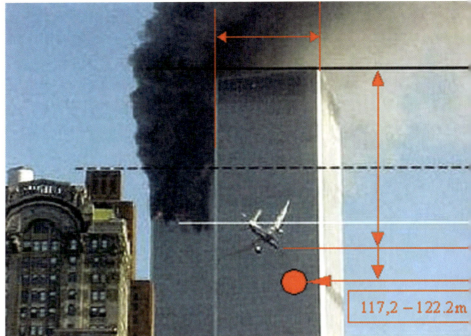

117,2 – 122.2m

Doppelbild Anflug und Explosion (4)

Die Vermessung der Bilddaten führt zur Skizze für den Aufnahme-Ort von Bild (4). Hieraus ergeben sich der Aufnahme-Winkel und die Entfernung für dieses Bild – und gänzlich andere Erkenntnisse, als es die Bilder suggerieren.

Nebenstehende Skizze gibt die geometrischen Verhältnisse für den Standort des Bildes (4) an (Blick auf die Nase des Flugzeuges kurz vor der Fassade des WTC-2). Als Kamera-Standort kommt nur das im Lageplan bezeichnete ›Castle Clinton‹ im Battery-Park, südlich von Manhattan am Hudson-River, in Frage, der rund 900 m vom WTC-2 entfernt und in höchstens 25m Höhe gelegen sein kann. Der vertikale Blickwinkel beträgt ~ 18° bzw. ~ 20°, womit sich der Korrekturfaktor mit 0,91 ergibt.

Dies hat zur Folge, daß das Flugzeug in einem Abstand von ~ 117,2m und das Zentrum der Explosion ~ 96,7m von der Oberkante des WTC liegt.

Es sind jedoch weitere geometrische Korrekturen zu berücksichtigen, die sich aus dem tatsächlichen Ort des Flugzeugs in bezug auf den Abstand zum WTC ergeben.

Doppelbild Anflug und Explosion (4)

93,5m – 96,67m

20,3 – 28,7m

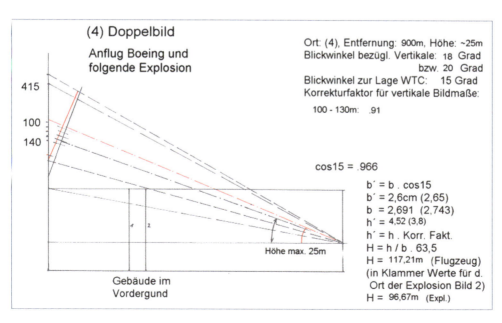

(4) Doppelbild

Anflug Boeing und
folgende Explosion

415
100
140

Höhe max. 25m

Gebäude im
Vordergund

Ort: (4), Entfernung: 900m, Höhe: ~25m
Blickwinkel bezügl. Vertikale: 18 Grad
bzw. 20 Grad
Blickwinkel zur Lage WTC: 15 Grad
Korrekturfaktor für vertikale Bildmaße:

100 - 130m: .91

cos15 = .966

$b' = b \cdot \cos 15$
$b' = 2,6\text{cm} \ (2,65)$
$b = 2,691 \ (2,743)$
$h' = 4,52 \ (3,8)$
$h' = h \cdot \text{Korr. Fakt.}$
$H = h / b \cdot 63,5$
$H = 117,21\text{m} \ \text{(Flugzeug)}$
(in Klammer Werte für d.
Ort der Explosion Bild 2)
$H = 96,67\text{m} \ \text{(Expl.)}$

Zusätzliche Korrekturen zur Abbildung von Bild (4)

Das Flugzeug befindet sich noch *vor* dem WTC und erscheint daher im Bild zu hoch, als es der tatsächlichen horizontalen Flugebene entspricht. Eine genaue Abschätzung ist leider wegen der Unschärfe des Bildes nicht möglich, aber man kann die Größenordnung noch sehr gut bestimmen. Setzt man die am Bild gemessenen Werte – Spannweite und Breite WTC – mit den echten Werten in Bezug, so müßte sich dasselbe Verhältnis ergeben, wenn Flugzeug und WTC den gleichen Abstand von der Kamera hätten, das heißt, wenn das Flugzeug bereits ins WTC krachte. Das ist aber deutlich nicht der Fall.

$$\text{Spannweite}_{Bild} = 2{,}2\text{cm} \quad \text{Spannweite}_{real} = 47{,}2\text{m}$$
$$\text{Breite WTC}_{Bild} = 2{,}6\text{cm} \quad \text{Breite WTC}_{real} = 63{,}5\text{m}$$

$$2{,}2 : 2{,}6 = 0{,}846 \neq 47{,}2 : 63{,}5 = 0{,}743$$

Um zu einem entsprechenden Verhältnis zu kommen, müßte die gemessene Spannweite$_{Bild}$ SpW : 2,6 = 0,743 → SW = 1,9318cm ergeben, denn das Verhältnis für die Spannweite$_{real}$ zur Breite WTC$_{real}$ ist ja die gegebene und fixe Bezugsgröße. Damit ergibt sich aus der Skizze der Abbildungsverhältnisse:

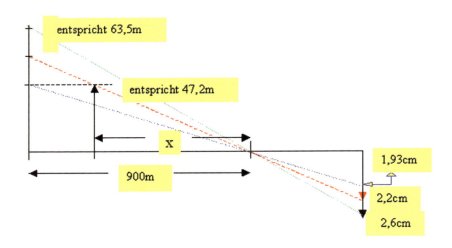

$$2{,}2 : 900 = 1{,}93 : x \;\rightarrow\; x = 1{,}93 \cdot 900 / 2{,}2 = \textbf{790m,}$$

Das heißt: Die Tragflächen des Flugzeugs sind 110 m vom WTC entfernt, die Random-Nase somit rund 85 m. Mit anderen Worten: Entweder ist das Flugzeug – sofern es ein reales ist – noch in dem oben bestimmten Abstand vom WTC entfernt ist, und damit ist die Projektion der Flughöhe im Bild gegenüber der tatsächlichen – wegen des relativ großen Winkels (18 bis 20°) der optischen Achse – viel zu hoch. Damit rücken Flughöhe und angeblicher, unmittelbar folgender Einschlag, auf den man die Explosion zurückführt, noch weiter auseinander. Oder das Flugzeug befände sich tatsächlich unmittelbar vor dem Crash, wofür aber die aus dem Bild gemessenen Größen für den angegebenen Flugzeugtyp viel zu groß sind, wobei eine Übereinstimmung von Flughöhe mit dem Ort der Explosion bzw. den Löchern *dennoch bei weitem nicht gegeben ist*. In beiden Fällen muß man das Bild als eine schlampige Fälschung ansehen, dem in keinem Fall eine reale Situation – ein tatsächlich hier fliegendes Flugzeug – zugrunde gelegen haben kann.

Bei obiger Abschätzung haben wir die perspektivischen horizontalen und vertikalen Verkürzungen im Bild gar *nicht* berücksichtigt. Würde man diese noch zusätzlich abschätzen, so würde sich ein noch etwa 40 % größerer Abstand ergeben. Die folgende Skizze macht es deutlich.

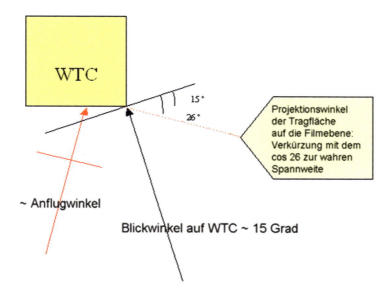

Diese ergibt sich aus der Seitenverkürzung bei der Projektion der Tragflächen unter ~ 26° auf die (Film-)Projektionsfläche (wegen des schrägen Anflugs, wie in der Skizze angedeutet) sowie aus einer weiteren Korrektur in vertikaler Richtung wegen des um ca. 40° um die Rumpfachse gedrehten Flugzeugs. (Wir betrachten dies gleich noch genauer.)

Ohne dies vorläufig weiter zu berücksichtigen, ergab die Überschlagsrechnung, daß die Spitze des Flugzeugs noch mindestens 85 m vom WTC entfernt sein muß.

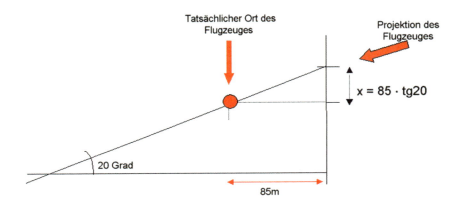

Das heißt: Das Flugzeug mit dem Tangens von 20° mal dem Abstand von 85 m wird zu hoch projiziert, und zwar um 28,9 m. Zu der ohne diese Rechnung festgestellten Flughöhe von 117,21 m von der Oberkante des WTC käme man mithin auf einen Wert von ~ 146 m.

Unsere Verhältnis-Gleichung haben wir aber – der Einfachheit und Klarheit halber – zunächst nur mit den aus dem Bild entnommenen Meßwerten aufgestellt. Bis jetzt haben wir lediglich – ungefähr – festgestellt, wie weit *vor* dem WTC das Flugzeug aufgrund *dieser Meßwerte* und der bekannten tatsächlichen Breite und Spannweite sein muß und daß es daher wegen des Höhen-Blickwinkels von 20° zu hoch projiziert wird.

Tatsächlich wird aber die Tragfläche wegen des schrägen Anflugs und des in die andere Richtung weggedrehten horizontalen Blickwinkels der Kamera (Skizze unten) ebenfalls verzerrt – d. h. verkürzt – gesehen. Diese Abbildungsverzerrungen im Bild wollen wir nun untersuchen und ihrer Größe nach bestimmen.

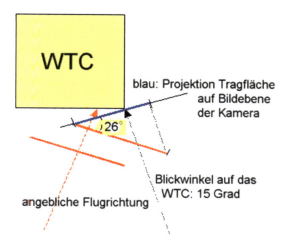

$SpW_{Bild} = SpW_{horizontal} \cdot \cos 26° \rightarrow$
$SpW_{horizontal} = 2,2cm / 0,899 = 2,447$
Damit ist erst die horizontale Komponente der Spannweite aus dem Bild korrigiert.

Der Betrachter – d. h. die Kamera – erblickt aber das ›crashende Flugzeug‹ in einer 40°um die Längsachse gedrehten Lage. Daher muß auch für die Korrektur der im Bild gemessenen Spannweite von 2,2 cm deren vertikale Komponente berücksichtigt werden. Der Betrachter sieht die Tragflächen wie in untenstehender Skizze; der schwarze Doppelpfeil (Diagonale im gelben Rechteck) stellt die im Bild gemessene Spannweite der 40° gedrehten Tragflächen dar, der blaue Pfeil die Korrektur der vertikalen Komponente (Korrekturfaktor 0,91), die gegenüber dem Bild um 9% gestreckt ist. Der rote Pfeil ist die Summe beider Korrekturen, hier also jener dazugenommenen, die der cos26° (= 0,899) durch die horizontale Verdrehung des Kamera-Blickwinkels gegenüber der WTC-Front bedingt.

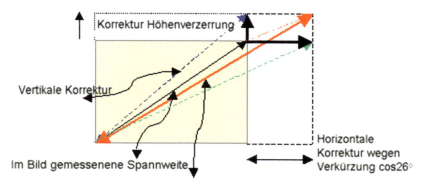

Vektor-Addition von vertikaler und horizontaler Korrektur - dies entspricht der wahren Spannweite des realen Flugzeugs

Es ist dies eine einfache Vektor-Addition der vertikalen und horizontalen Korrekturen, die zu der ursprünglich gemessenen Spannweite noch dazu kommen. Näherungsweise kann man die rot-punktierte Diagonale des kleinen Rechtecks rechts oben zur Länge der Diagonale des gelben Rechtecks (= die im Bild gemessene Spannweite) addieren.

Die Breite und Höhe des gelben Rechtecks beträgt:

$B = 2,2 \cdot \cos 40° = 2,2 \cdot 0,766 = 1,6852,\ H = 2,2 \cdot \sin 40° = 2,2 \cdot 0,643 = 1,4146$

Die vertikale Korrektur mit dem Faktor 0,91: $H_{korr} = 1,4146 / 0,91 = 1,5545$,

die horizontale Korrektur mit dem $\cos 26°$ (0,899): $B_{korr} = 1,6852 / 0,899 = 1,8745$

Die Länge der korrigierten Spannweite ist mit Dreieckssatz

$$H^2_{korr} + B^2_{korr} = SpW^2_{korr} \rightarrow SpW_{korr} = 2,435\ cm$$

Man muß in diesem Fall auch die Breite des WTC im Bild nun auch korrigieren, die etwas größer wird: $2,6 / \cos 15° = 2,6 / 0,966 = 2,692$ cm, und zur obigen Korrektur gegenläufig ist, aber bei weitem geringer, so daß sich die beiden Korrekturen nicht gegenseitig kompensieren.

Mit diesen korrigierten Meßwerten lauten die Relationen nun wie folgt:

$$2,435 : 2,692 = 0,904 \neq 47,2 : 63,5 = 0,743,$$

d.h., das Flugzeug ist noch viel weiter von der Fassade entfernt, als bei der ersten Abschätzung. Die Rechnung der Relationen ergibt einen Abstand der Tragflächen vom WTC mit 155,9 m, d.h., die Random-Nase ist ~130m vor dem WTC. Die zu hoch projizierte Lage (Flughöhe) beträgt daher

$$\Delta = 130 \cdot tg\ 20° = 130 \cdot 0,364 = 47,46\ m$$

Die Flughöhe gemessen von der Oberkante des WTC nach Berücksichtigung der korrigierten Meßwerte ergibt nunmehr: 117,2 + 44,5 = 164, 7m.

Ein solch großer Abstand zwischen Flughöhe und Explosion wird von den Bildern *nicht* suggeriert, ist aber aufgrund der Auswertung der vermessenen Werte und der geometrischen Gegebenheiten unabweislich. So gravierende Fehler würde man aber nicht erwarten, da diese Manipulationen offensichtlich von langer Hand und professionell vorbereitet und durchgeführt wurden. Daß sie dennoch unterliefen, dürfte an dem mit freiem Auge fast nicht wahrnehmbaren Fehler bei dieser Bildfälschung liegen, dem offenbar *etwas zu großen* Bild des Flugzeugs,[1] was aber dann unausweichlich zu den hier nachgerechneten Konsequenzen führen mußte. Eine reale Situation kann dies daher nicht sein, auch wenn die Bilder sehr suggestiv erscheinen. Die Bildmanipulation ist – gleich, wie man es dreht und wendet – aufgrund der Nichtverträglichkeit des bildhaften Scheins und der sich daraus ergebenden Wirklichkeit ein unumstößliches Faktum.

Zusammenstellend kann man festhalten, daß dort, wo die Löcher in der Fassade (oder die Explosion) klar zu sehen waren, nach den von unterschiedlichen Orten gemachten ›Aufnahmen‹ sich jedoch das Flugzeug nicht befunden haben konnte und daß dort, wo es nach eben diesen Aufnahmen bei einem unvermeidlichen Crash Spuren hätte hinterlassen müssen, sich aber keine Löcher oder sonstigen Beschädigungen der Fassade befinden. Der Umstand, daß die jeweiligen Höhen etwas differieren, liegt weniger in einer – gewiß vorhandenen – Ungenauigkeit der Bildvermessung aufgrund ihrer mangelnden Schärfe, als darin, daß jedes Video aus jeweils einer anderen Perspektive ein Unikat darstellt, das nur durch Zufall mit den anderen Fälschungen eine genaue Übereinstimmung zeigen würde.

Beim Problem etwa, das Zentrum der Explosion festzustellen, könnte man sagen, daß sich hier aufgrund einer ›willkürlichen‹ Festlegung Fehler ergeben müssen. Andererseits liegen die beste Schätzung dieses Zentrums der Explosion und die mittels Korrekturberechnung ermittelte Flughöhe so weit auseinander, daß jede noch so große Fehlerbandbreite zu keiner Übereinstimmung führen würde. Nimmt man hilfsweise für den Ort der Explosion jenen an, der sich aus anderen exakt vermessenen Bildern der Löcher in der Fassade geradezu anbietet, so zeigt dies, daß die Abschätzung doch ziemlich genau war (Explosionsbild: 96,67 m bzw. Löcherbild: 93,5 m von oben) und die vermessenen Löcher die Aussage noch verschärfen: das heißt, der Abstand der Explosion/Löcher und der Kurs des Flugzeuges rücken sogar noch um ~ 3 m zusätzlich auseinander.

---

[1] Die Fälschung ist insofern psychologisch sehr gut gemacht, weil die linke Hälfte der Tragfläche kaum sichtbar ist und gewissermaßen im Grau verschwimmt. Damit ist der optische Eindruck der Flugzeuggröße beinahe schon halbiert. Das zweite Element, das den unmittelbaren Vergleich der Längen im Bild erschwert, ist der Umstand, daß das Flugzeug nur in einer stark verdrehten Lage sichtbar wird, womit die Abschätzung der relativen Längen – Spannweite bzw. WTC-Breite – nicht gerade gefördert wird.

Wir haben schon darauf hingewiesen, daß die aus dem Doppelbild ermittelte Flughöhe besonders krass dem Anschein aus den Bildern zu widersprechen scheint. Die aus dem Bild (3) ermittelte Flughöhe verursacht wegen des flacheren Winkels und der Seitensicht hier geringere Probleme: Man kann scheinbar die Flughöhe unmittelbar aus dem Bild entnehmen. Nach den natürlich auch hier nötigen Korrekturen der perspektivischen Sicht, finden wir die Flughöhe mit ~122m von der WTC-Oberkante; also ebenfalls viel zu weit vom Ort des Impacts entfernt, als daß dies physikalisch möglich wäre.

Sprengung des WTC 1 – Nordturms

Die linke Bildserie zeigt, wie der obere Teil von unten nach oben gesprengt wird. Die Spitze des Mastes, der am WTC-1 montiert war, bewegt sich – ohne die Vertikale zu verlassen – in einer Staub- und Rauchwolke nach unten. Die rechte Serie zeigt, wie sich die Explosion nun vom angeblichen Einschlag der Boeing nach unten bewegt. Der vollkommen regelmäßige Kollaps des ›oberen‹ Teils, erkennbar an der Nicht-Neigung des über 100 m hohen Antennenmastes, ist nur damit erklärbar, daß vollkommen symmetrisch angebrachte Sprengladungen jeweils gleichzeitig explodierten und sich somit die oberste Plattform, an der der Mast fixiert war, völlig senkrecht und ohne einseitige Abstützung, der Schwerkraft entsprechend, nach unten bewegte. Ein derartiger Verlauf des Einsturzes, der durch einen *einseitigen Einschlag* eines Flugzeuges ja nicht erklärbar wäre, muß zwingend andere Ursachen gehabt haben – eben eine meisterhaft vorbereitete und zeitlich exakt gesteuerte Sprengung.

Wie genau das ›Timing‹ der Sprengung war, erkennt man an der linken Bildsequenz. Die Unterkante der Explosionswolke bleibt unverrückt an ihrem Platz, während die obersten rund 13 Stockwerke von unten nach oben gesprengt werden. Diese Bewegung nach ›oben‹ ist ja in den Bildfolgen deutlich sichtbar. Erst wenige Sekunden später,[1] gerade so lange, wie die zu Staubteilchen und kleinsten Trümmern zerbröselten Teile brauchen, um unter dem Einfluß der Schwerkraft diese rund 13 Stockwerke herabzufallen, beginnt die nächste Serie von Sprengungen, die diesmal von oben nach unten verläuft.

Die Linie ist auf allen Fotos immer auf derselben Höhe, und erst mit diesem Bezugspunkt ist man in der Lage, die wirkliche Dynamik des Vorganges zu erkennen. Es ist jedenfalls gänzlich undenkbar, daß dieser hier deutlich gewordene Verlauf des Kollapses zuerst allein nach oben wirkte und, nachdem etwa 3,2 Sekunden später die oberen Etagen vollkommen zu Staub desintegriert gewesen waren, sich dieser Vorgang in die entgegengesetzte Richtung nach unten fortsetzte. Was die Welt beobachtete, war eine meisterhaft durchgeführte Sprengung, wie sie auf den Prospekten der ›Controlled Demolition Inc.‹[2] zu Werbezwecken abgebildet ist.

---

[1] Der Fallweg unter dem Einfluß der Schwerkraft errechnet sich nach der Formel:
Weg (s) = ½ Erdbeschleunigung (g) x dem Quadrat der Zeit (t²) → s = ½ g· t².
Die oberen rund 13 Stockwerke haben eine Höhe von etwa 50 Metern, die Erdbeschleunigung g = 9,83 m/sec², womit sich die Zeitdauer des Kollapses der oberen Stockwerke mit etwa 3,2 Sekunden errechnen läßt. Dann sind die Teile der Oberkante bis zu jener Ebene herabgefallen, von der die Explosion, nach oben fortschreitend, begonnen hatte.

[2] Das ist nebenbei bemerkt jene Firma, die einen Milliarden-Auftrag für den Abbruch der WTC-Ruinen erlangt hatte und die auch im nicht wirklich aufgeklärten Oklahoma-Fall, bei dem ein Regierungsgebäude gesprengt wurde, ebenfalls den Auftrag zur Beseitigung der Trümmer bekommen hatte. Manche meinen: zwecks Beseitigung von Spuren, die der Aufklärung der wahren Ursachen der Zerstörung gedient haben könnten.

Die ›offizielle‹ Erklärung, daß durch das Feuer die Bolzen der Stahlträger ihre Festigkeit verloren und daraufhin diese tonnenschweren
Massen stockwerksweise – also je 2,85 m (1m ist die Deckenstärke) –
abstürzten und diese Wucht das nächste Stockwerk abstürzen ließ, ist
einfach unhaltbar. Abgesehen davon, daß die Temperatur verbrennenden Kerosins nicht annähernd hoch genug ist, um Baustahl zu
schmelzen oder nach einem kurzen und eigentlich schwachen Brand
den Verlust seiner Festigkeit herbeizuführen, ist es ja nicht nachvollziehbar, daß an allen Stellen die Festigkeit *gleichzeitig* und gleichförmig nachgegeben haben könnte. Ein Einsturz müßte daher nur asym-
metrisch erfolgt sein, womit aber dieses angebliche Durchschlagen
von oben bis unten kaum vorstellbar wäre. Wie dann aber so ein Zusammenbruch *nach oben* – entgegen der Schwerkraft – stattgefunden
haben soll, ist überhaupt unmöglich zu erklären. Als Ergebnis müßten einerseits am Boden Stahlträger riesigen Ausmaßes – wenn auch
verbogen – und im Umfang von 200 000 Tonnen liegen geblieben sein,
und andererseits hätte der Stahl-Kern mit Pfeilerquerschnitten von
über einem Meter und Verstrebungen als himmelragende Ruine stehen bleiben müssen – was offensichtlich nicht der Fall war.

Nur um eine Vorstellung über die Temperaturverhältnisse zu geben, sei erwähnt, daß verbrennendes Kerosin Temperaturen bis zu
850 Grad Celsius erreicht, Stahl aber erst bei knapp unter 1600 Grad
schmilzt. Betrachten wir nun noch die Mengen an ›Heizmaterial‹, die
man zum Erwärmen von Eisen/Stahl braucht. Um zum Beispiel eine
Tonne Roheisen *im Hochofen* zu erschmelzen, benötigt man eine Tonne Koks, also reinen Kohlenstoff und die Zuführung von erhitzter Luft
(Gichtgas), um die zum Schmelzen nötige Wärmeenergie zuzufüh-
ren. Dies alles findet hierbei in einem mit Schamotte isolierten und
abgeschlossenen Behältnis statt, bei dem die zugeführte Wärme *nicht*
entweichen kann wie in einem völlig offenen Hochhaus, wo der Brennstoff augenscheinlich überwiegend außerhalb des Gebäudes verbrannt
sein mußte.

Die Mengenverhältnisse sind aber: 200 000 t Stahlträger und ca.
320 000 m³ Beton[3] – entsprechend ca. 1 Million t – in beiden Türmen
und maximal je 64 Tonnen Kerosin pro Flugzeug, die als ›Heizmaterial‹ verfügbar waren. Die hohe Wärmeleitfähigkeit von Stahl bewirkt

---

[3] Nach Angaben http://www.infoplease.com/spot/wtc1.html, in
infoplease.com von Davis JOHNSON. Bei Leichtbeton mit einem spezifischen Gewicht von 2,5: 800 000 t.

auch, daß eine lokale Erwärmung sehr schnell abgeleitet wird, also hohe Temperaturen schon in der Umgebung heißer Stellen sofort abfallen. Die Träger können erst recht nicht geschmolzen sein.

Das ist physikalischer Unsinn. Die ›offizielle‹ Erklärung ist eine offensichtlich falsche Theorie, die man ahnungslosen Laien auftischen kann. Man muß auch davon ausgehen, daß in einem Land, in dem Stahl im Hochbau so intensiv wie in den USA verwendet wird, die Ingenieure es sehr wohl verstehen, die tragenden Stahlkonstruktionen gegen eine definierte Brandlast zu dämmen. Da Zimmer- oder Etagenbrände ja nie auszuschließen sind, würde man die Stabilität von Wolkenkratzern nicht so derartig fahrlässig gefährden, indem man hier ungeprüfte Verfahren anwendete. Die aufgespritzten asbesthaltigen Dämmstoffe (Coating der Träger und Säulen) werden also gewissen mechanischen und sonstigen Angriffen weitgehend widerstanden haben. Daher ist ein so regelmäßiges Versagen aufgrund von hitzebedingtem Verlust der Elastizität/Festigkeit völlig unwahrscheinlich und aufgrund der anderen Überlegungen überhaupt auszuschließen.

Daß Baustahl schon bei 400–500°C seine Festigkeitseigenschaften verliert, wissen wir auch. Es wird hiermit nur dem Schauermärchen von der ›Gluthölle‹ und von ›schmelzendem Stahl‹ entgegengetreten. In dem Augenblick, wo Flugzeuge als Ursache ausscheiden, ist es ohnehin nicht nötig, sich über brennendes Kerosin den Kopf zu zerbrechen.

Brandursachen, Detonation und Deflagration

Der französische Artillerie-Offizier Pierre-Henri BUNEL[1] hat in einem Aufsatz den Unterschied zwischen einer Detonation und einer Deflagration erklärt, ebenso die Wirkungsweise von unterschiedlichen Sprengladungen und den Abfeuerungssystemen.

Kurz gesagt: Man spricht von ›Detonation‹, wenn die Explosivstoffe eine Schockwelle von über 2000m/sec Ausbreitungsgeschwindigkeit erzeugen, darunter von ›Deflagration‹, das heißt, die Brennstoffe verbrennen, wobei etwa Kerosin, eine Diesel-ähnliche, ölige Flüssigkeit, nicht einmal deflagriert. Kerosin ist überhaupt kein Explosivstoff und verbrennt *langsam*.

Ob es sich um eine Explosion oder eher um eine Verbrennung handelt, erkennt man am Verlauf des Explosions- bzw. Verbrennungsvorganges, den man von den Bildern, die sowohl vom Pentagon als auch vom WTC gemacht wurden, wiederum gut nachvollziehen kann. Das Kennzeichen der Explosion/Detonation ist eine anfangs weiße Rauchwolke, die durch die sich ausbreitende Schockwelle verursacht wird, welche die in der Luft immer vorhandene, nicht sichtbare Luftfeuchtigkeit zu einer Dunstwolke umwandelt, noch bevor Flammen zu sehen sind. Die extreme Temperaturentwicklung bei einer Explosion zeitigt dann eine helle, weiß-gelbliche Flamme im Zentrum der Explosion, die sich schnell und mit der Entfernung vom Nullpunkt orange bis schließlich rot verfärbt und auch rasch vergeht. Erst die dann durch die extreme Hitzeeinwirkung entzündeten brennbaren Stoffe in Gebäuden ziehen schließlich die bei ›normalen Bränden‹ üblichen grauen bis schwarzen Rauchwolken nach sich, je nachdem, womit das Feuer genährt wird – keinesfalls aber jene schweren, schwarzen Rauchschwaden, die uns von Bränden etwa von Öltanks oder den Bohrfeldern Kuwaits bekannt sind, also beim Verbrennen von Kohlenwasserstoffen.

---

[1] Pierre-Henri BUNEL war Schüler des Collège Militaire Saint-Cyr und Artillerieoffizier. Er ist Experte für: Wirkungen von Explosivstoffen auf Menschen und Gebäude, Wirkungen von Artilleriewaffen auf Bedienungspersonal und Gebäude, Brandbekämpfung bei spezifischen Bränden, Wracks und Überresten von zerstörten Flugzeugen. Er nahm am Golfkrieg im Stab der Generale SCHWARTZKOPF und ROQUEJEOFFRE teil. BUNELS Aufsatz erschien in deutscher Sprache in: Thierry MEYSSAN (Hg.), *Pentagate*, Editio de facto, Kassel 2003.

Im Pentagon konnte keine Rede davon sein, daß etwa Kerosin verbrannte. Eine Überwachungskamera vor dem Pentagon zeigte – die Bilder wurden vom Pentagon als authentisch bestätigt – eine helle, weiß-gelbe Explosionswolke an der Außenfassade, wo offensichtlich eine Lenkrakete auftraf. Die Wirkung war hier ähnlich wie bei Panzer oder Betonbunker brechenden Hohlladungen, die hier ein Loch (von einigen Metern Durchmesser) in die äußere Fassade ›stanzte‹, wobei die Sprengwirkung ganz in Richtung der Einschlagsbahn konzentriert wird und bis zu drei bis fünf weitere (Beton-)Wände durch die konzentrierte Hitze mit oft flüssig-schmelzendem Kern durchschlagen werden können, bevor die eigentliche, im Inneren geplante Sprengung mit entsprechender Verzögerung ausgelöst wird. Solche kombinierten Sprengköpfe gibt es, wie am Beispiel der Boeing Luft-Boden-Rakete angegeben wurde (*penetrating* = durchschlagender bzw. *blast fragmentation* = explodierender, zerstörender Gefechtskopf).

BUNEL weist auch darauf hin, daß die Art der Brandbekämpfung Rückschlüsse auf die Brandursache erlaubt. Beim Pentagon wurde mit reinem Wasser gelöscht, das den höchsten Wärme-Koeffizienten hat (sprich die beste Eigenschaft, die Temperatur von Bränden zu senken). Im Fall von Kerosin-Bränden wären aber andere Brandeigenschaften zu berücksichtigen, die es nötig machten, mit Schaum den Brand zu ersticken, weil Wasser, in einen Ölbrand gegossen, zu einer Ausbreitung führen würde. Beim Pentagon wurde aber Wasser eingesetzt, mit einer kleinen Ausnahme bei einem Nebenbrand, weil ein vor dem Pentagon stehendes Fahrzeug durch die Initial-Explosion offenbar in Brand geriet. Hier wurde geringfügig Schaum eingesetzt. Sonst ist davon weder am Vorplatz noch am Gebäude selbst etwas zu sehen.

Was das WTC betrifft, ist die Brandursache von den Bildern her etwas schwieriger festzustellen. Die Brände sind hier ja relativ schnell abgeklungen, und die dunklen Rauchschwaden sind von den mit Kunstfaserstoffen ausgestatteten Räumen leicht zu erklären.

Wenn – wie ersichtlich – die Explosion vom Inneren des WTC ausging, was die anfänglichen weißen Wölkchen und die schließlich folgenden gelb-orangenen Feuerbälle an drei Seiten des Südturmes ja nahe-legen, hätten wir hier denselben Verlauf. Von Flugzeugen fehlt hier ebenfalls jegliche Spur. Die so imposanten Feuerbälle, die an drei Seiten des WTC-Südturmes senkrecht (!) zu den Außenwänden hervorbrachen, können keine durch das Gebäude hindurchfliegende Kerosin-Ladung suggerieren, was aufgrund der Trägheit der Massen auch nicht ginge (weil hier die Flugrichtung nicht paßte), insbesondere, da sich ja auf den Büroflächen keine ernsthaften Hindernisse befanden, die ein Durchbrechen von Flugzeugtrümmern hätten hindern können. Ein sich entzündendes Kerosin müßte dann unter dem Einfluß der Schwerkraft als brennende Öl-Feuer-Wolke in einer parabelförmigen Flugbahn zu Boden gefallen sein.

Es konnte unmöglich in weniger als 8 Sekunden (so lange dauerte der freie Fall von der Höhe des angeblichen Einschlages) noch in der Luft verbrannt sein. Außerdem ist, wie in vorigem Bild ersichtlich, dies keine schwere, ölige Rauchwolke, sondern die einer offensichtlichen Explosion. Was immer ins Gebäude an Kerosin hätte eingebracht werden können, es würde ebenfalls länger und mit schweren Rauchwolken gebrannt und insbesondere die Fassade mit einem schmierig-schwarzen Ruß überzogen haben. Die Schwaden waren aber relativ schnell weg, und die Aufnahmen lassen diese Schwärzung der Fassade *nicht* erkennen. (Siehe zum Beispiel die Nahaufnahme des ›Einschlag-Loches‹ mit der eingezeichneten Silhouette der Boeing [siehe *Wir werden schamlos irregeführt!*). Im Gegenteil. Auch der Rauch, der aufstieg, machte nicht den Eindruck eines Ölbrandes.

Hier, am Südturm, hat sich im Vordergrund der Rauch überhaupt verzogen, und am Nordturm ist er eher grau bis weiß – wie bei einem ›normalen‹ Brand.

WTC-Explosion nach drei Seiten.

Obige Feuerbälle machen nicht den Eindruck einer verbrennenden Kerosin-Tankladung. Nach unten fallen nur einige Trümmer der Fassadenverkleidung, aber es bewegt sich nichts vom ›brennenden Kerosin‹ unter dem Einfluß der Schwerkraft nach unten. Die anfangs hellgelben Feuerwolken verfärben sich hier bereits nach orange und bewegen sich *nach oben*, bis sie nach kurzer Zeit – nach dem unmittelbaren Verbrauch des die Explosion speisenden Sprengmittels – erloschen sind. Gänzlich unverständlich ist eine entgegen der Flugrichtung herausbrechende Feuerwolke, da ein in einem Flugzeug mitgeführtes Kerosin nach dem Trägheitsgesetz Richtung und Geschwindigkeit beibehalten haben müßte und sich nur in Flugrichtung bewegt haben kann. Da flüssiges Kerosin nicht, sondern nur die vergaste oder zerstäubte Form brennt (und auch nicht explodiert) und jene maximal 63 Tonnen, die eine Boeing 767 höchstens mitführen kann, nicht in ein paar Sekunden verbrennen können, spricht auch das unmittelbare Erlöschen der Explosionswolke gegen Kerosin, das sich beim Aufprall entzündet haben würde.

Bilder des brennenden Südturms

Explosionsverlauf in NO-Ecke.

Bild 1 bis 6: 1 scheinbarer Anflug eines Objektes,[1] das wie ein Flugzeug aussieht; **2** Explosion; **3** Vergrößerung des hellgelben Feuerballs, nach unten fliegen unter Schwerkraft einige Trümmer der Fassade in einer hellgrauen Staubwolke weg; **4** nach oben steigender, bereits nach orange sich verfärbender Feuerpilz mit grauen Rauchwolken an den Rändern, geringe Mengen an Trümmern fallen mehr vertikal zu Boden; **5** schon nach kurzer Zeit ist der Feuerball erloschen, und es be-

---

[1] Diese Bildsequenz gibt es auch aus einer früheren Quelle, wobei in diesen früheren Bildern das ›anfliegende Flugzeug‹ nicht zu sehen ist. Es muß sich also um eine Fälschung handeln (was sich ja klarerweise aus unserer Beweisführung ohnedies ergibt). Hier kommt es uns nur darauf an, zu zeigen, daß in kurzer Zeit die Feuerwolke ausgebrannt war und keinerlei Bewegung des ›brennenden Kerosins‹ unter Schwerkraft nach unten zu sehen ist.

wegt sich nur noch eine dunkelgraue Rauchwolke nach oben, weiterer Staub und kleinere Trümmer fallen herab; **6** grauschwarzer Rauchpilz an die Oberkante des WTC bereits aufgestiegen, keine sichtbaren Flammen mehr, helle Staub- und Ascheteile sinken entlang des WTC-2 zu Boden.

Zwischen Bild 2 und 4 dürften nicht mehr als 3 bis 5 Sekunden vergangen sein, da die Trümmer noch immer in der Luft sind (man sieht vom oberen Teil des WTC rund 250 m, die Trümmer fallen von etwa 100 bis 110 m unterhalb des WTC-Top). Mit anderen Worten: Wir sehen ~ 140–150 m freien Fall, höchstens etwa 5 Sekunden. In dieser kurzen Zeitspanne können 30 bis höchstens 60 t Kerosin nicht verbrennen, außerdem müßte der noch flüssige Teil mit der eingeprägten Fluggeschwindigkeit in einer parabelförmigen Kurve zu Boden fallen. Dergleichen ist nicht zu sehen. Das heißt, hier verbrennt kein Kerosin, sondern ein Explosivstoff verursachte die gelbe Feuerwolke, die nach kurzer Zeit erloschen ist, wobei sich wegen der Erwärmung die graue Rauchwolke nach oben bewegt.

Geschmolzener Stahl und unerklärliche seismische Spitzen[1]

Es gab Berichte über ›geschmolzenen Stahl‹ – wobei aber nirgends erklärt wurde, wie es zu derartigen Bereichen solch unerhörter Hitze kommen konnte, die noch Wochen nach dem Kollaps da waren.

New Yorks Seismographen zeichneten riesige Energieschübe zu Beginn der Einstürze auf. Diese Spitzen legen die Vermutung nahe, daß es eine massive unterirdische Explosion gegeben habe, die geradezu die Türme von ihren Fundamenten gerissen und damit den Kollaps herbeigeführt haben mußte.

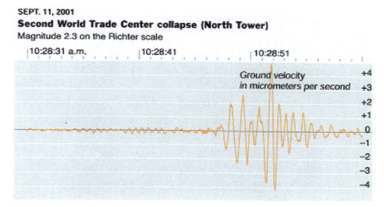

SEPT. 11, 2001
Second World Trade Center collapse (North Tower)
Magnitude 2.3 on the Richter scale

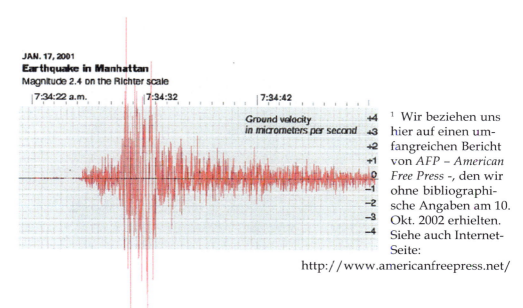

JAN. 17, 2001
Earthquake in Manhattan
Magnitude 2.4 on the Richter scale

[1] Wir beziehen uns hier auf einen umfangreichen Bericht von *AFP – American Free Press -*, den wir ohne bibliographische Angaben am 10. Okt. 2002 erhielten. Siehe auch Internet-Seite:

http://www.americanfreepress.net/

Im Untergeschoß der kollabierten Türme, wo die 47 zentralen Stützpfeiler mit dem Fundament verbunden sind, wurden über einen Monat nach dem Einsturz heiße Stellen von »förmlich geschmolzenem
Stahl« entdeckt. Solch eine andauernde und außerordentliche Rest-
wärme rund 15 m unter der Oberfläche, überdies in einer sauerstoffarmen Umgebung, könnte erklären, warum diese entscheidenden statischen Strukturen nachgaben.

Diese unerhört heißen Bereiche wurden »am Boden der Aufzugs-
schächte der beiden Türme, sieben Stockwerke (im Keller) tief, entdeckt«, sagte LOIZEAUX.[2]

Der geschmolzene Stahl wurde »drei, vier, fünf Wochen später entdeckt, nachdem der Schutt weggeräumt worden war«, berichtete LOI-
ZEAUX. Er sagte auch, daß geschmolzener Stahl ebenso beim WTC 7
gefunden wurde, das am späten Nachmittag(!) auf mysteriöse Weise
einstürzte.

Die offiziell dafür genannten Gründe wurden auf brennendes Kerosin, Papier und andere brennbare Materialien zurückgeführt, die
man normalerweise in Gebäuden findet, aber solche Stoffe können
keine derartige Hitze erzeugen, die Stahl schmelzen könnte, insbesondere nicht in einer sauerstoffarmen Umgebung, wie es der tiefe
Keller darstellte. Es würde das nur zu einem »rauchenden schwelen-
den Haufen« führen.

Die Fundamente der Twin-Türme waren 70 Fuß (~ 21 m) tief. Auf
dieser Ebene stützten 47 riesige, mit dem Untergrund verbundene Stahl-
pfeiler die gesamte Last dieser Strukturen ab. Die Stahlwandungen dieser Stützpfeiler hatten angeblich eine Wandstärke von rund 10 cm.

Videos vom Einsturz des Nordturmes zeigten, daß der Antennenmast zuerst fiel,[3] was anzeigt, daß die zentralen Stützpfeiler zuallererst
beim Einsturz nachgegeben haben mußten. LOIZEAUX teilte der Agentur AFP[4] mit, daß »alles gleichzeitig ging. Falls das erste Ereignis eine

---

[2] Mark LOIZEAUX, Vorsitzender des Unternehmens ›Controlled Demolition
Inc.‹ (CDI) in Phoenix, Md.

[3] Hinweis auf unsere Diskussion im Buch: Während des Einsturzes des oberen, ca. 50 m hohen Teiles des WTC-Nordturmes blieb der Antennenmast
in vertikaler Position, was aber gänzlich unmöglich ist, außer die gesamte tragende Struktur, an der die oberste Plattform ja fixiert war, kollabierte in absolut gleichförmiger Weise. Das ist aber bei einem asymmetrischen Einschlag und daher ebensolcher Zerstörungswirkungen gänzlich
auszuschließen.

[4] American Free Press.

abstürzende Decke war, wie sollte sich dies fortgesetzt haben, um Hunderte von Stützen so zu beschädigen?«

LOIZEAUX vertrat den Standpunkt: »Wenn ich die Türme hätte umlegen müssen, würde ich Sprengstoff im Keller angebracht haben, um das Gewicht der Türme zum Einsturz der Struktur zu nutzen.«

Seismische Spitzen[5]

Seismographen des Lamont-Doherty Earth-Observatoriums der Columbia-University in Palisades, N.Y., 21 Meilen nördlich des WTC, zeichneten am 11. September eine merkwürdige seismische Aktivität auf, die noch nicht zufriedenstellend erklärt wurde.

Während die (angeblichen) Flugzeugkollisionen nur geringe Erschütterungen der Erde verursachten, waren *zu Beginn* jedes Kollapses deutliche Spitzen zu sehen.

Der Palisades-Seismograph zeichnete seismische Daten eines Bebens der Stärke 2,1 während des 10 Sekunden dauernden Einsturzes des Südturms um 9:59:04 auf; beim 8 Sekunden dauernden Einsturz des Nordturms um 10:28:31 eine Stärke von 2,3 auf der Richter-Skala.

---

5 Seismische Wellen entstehen durch Erdbeben, Sprengungen oder sonstige Erschütterungen im Gestein; es sind dies elastische Wellen. Man unterscheidet schneller laufende Kompressionswellen (longitudinale Wellen) und langsamer laufende Scherungswellen (transversale Wellen, senkrecht zur Fortpflanzungsrichtung schwingende Wellen). Bei der Ausbreitung durch das Erdinnere spricht man von ›Raumwellen‹, bei der Ausbreitung an der Erdoberfläche von ›Oberflächenwellen‹ (Rayleigh- [analog zur Ausbreitung einer Welle im Wasser] bzw. ›Love-Wellen‹, benannt nach dem englischen Physiker LOVE, der sich um die Erforschung verdient gemacht hatte). An den Grenzflächen zwischen verschiedenartigen Gesteinen gibt es ›Grenzflächenwellen‹, die ›Kopfwellen‹ nach sich ziehen. Die Ausbreitungsgeschwindigkeit seismischer Wellen liegt in weiten Grenzen – zwischen 0,2 bis 14 km/sec, in der oberen Erdkruste bis zu 6 km/sec. Die seismischen Wellen folgen den optischen Reflexions- und Brechungsgesetzen.

Die vollständige Aufzeichnung der dreidimensionalen Bodenbewegungen umfaßt 3 Komponenten: die transversale, die nordsüdliche und die ostwestliche Bewegungskomponente.

Die von einem Seismographen aufgezeichneten Wellen zeigen typischerweise folgenden Verlauf: als erstes werden die am schnellsten laufenden Kompressionswellen (P), dann der Einsatz der Scherungswellen (S) und schließlich die langsamer laufenden Oberflächenwellen (L, Love- bzw. Rayleigh-Wellen) registriert.

Here is a summary of seismic observations of the two impacts and the three collapses:

Date	Origin Time (UTC)	Magnitude (Richter scale)	Time (EDT)	Dominant Period	Signal Duration	Remark
09/11/2001	12:46:26±1	0.9	08:46:26	0.8 sec	12 seconds	first impact
09/11/2001	13:02:54±2	0.7	09:02:54	0.6 sec	6 seconds	second impact
09/11/2001	13:59:04±1	2.1	09:59:04	0.8 sec	10 seconds	first collapse
09/11/2001	14:28:31±1	2.3	10:28:31	0.9 sec	8 seconds	second collapse
09/11/2001	21:20:33±2	0.6	17:20:33	0.7 sec	18 seconds	Building 7 collapse

Location of the World Trade Center is 40.71°N and 74.01°W.

Die Aufzeichnungen von Palisades zeigen – zu Beginn des Kollapses – einen großen seismischen Ausschlag, der den Augenblick der größten Energiezufuhr in den Grund[6] darstellt. Die stärksten Stöße wurden alle zu Beginn des Kollapses registriert, deutlich *vor dem Herabfallen der Trümmer* und ihrem Aufprall am Boden.

Der Bericht erwähnt unter anderem, daß aufgrund der Ausbreitungs- und sonstigen für diese Gegend Nordamerikas typischen seismischen Parameter und der Aufzeichnung von 13 der insgesamt 34 zum Lamont-Doherty-Netzwerk gehörenden Observatorien man zum Schluß gekommen sei, daß die Energiezufuhr, die diese seismischen Erschütterungen verursachte, während des Kollapses aufgebracht wurde und über 5 bis 6 Sekunden dauerte. Das ist eine erheblich längere Zeitspanne, als sie typischerweise bei einem von Erdverschiebungen verursachten (kleineren) Erdbeben wie dem vom 17. Januar 2001 beobachtet wird. Diese längere Dauer hatte größere Ähnlichkeit mit dem Einsturz einer Salzmine (12. März 1994) mit einer Stärke M_L von 3,6. Die längere Dauer im Falle des WTC wurde bislang nicht begründet. Wir kommen darauf noch zurück.

---

[6] Die beiden unerklärten Spitzen haben eine mehr als 20fache Amplitude als die anderen seismischen Wellen, die mit dem Kollaps zusammenhängen, als das Gebäude einbzustürzen begann.

Diese unerklärten›Spitzen‹ der seismischen Daten unterstützen die Theorie, daß massive Explosionen an den Fundamenten der Türme deren Einsturz bewirkten. Da die von uns hier analysierten Bilder des Kollapses unzweifelhaft die exakt gesteuerte Dynamik eines Spreng-vorganges beweisen, insbesondere auch, daß die Sprengungen sich auf die im Kern des Gebäudes befindlichen tragenden Strukturen bezogen haben müssen, scheint eine Übertragung eines Teiles der Spreng-Energie über die 47 stählernen Pfeiler ins Fundament nicht nur logisch, sondern auch die wahrscheinlichste Erklärung zu sein. Würde die gesam-te Sprengladung nur auf das Fundament gewirkt haben, so müßte man mit einem seitlichen Umkippen der 415 m hohen Türme rechnen, und die *lange Dauer der Energiezufuhr* wäre auch nicht plausibel.

Eine »scharfe Spitze von kurzer Dauer« entspricht auf dem Seismographen, wie der Seismologe Thorne LAY von der University of California in Santa Cruz gegenüber der Agentur AFP erklärte, dem Erscheinungsbild einer unterirdischen Nuklearexplosion.

Experten haben keine Erklärung dafür, warum die seismischen Wellen ihre Spitzen hatten, bevor die (Trümmer der) Türme tatsächlich auf dem Boden aufschlugen.

Der Bericht des Columbia-Universitäts-Observatoriums gibt eine Abschätzung der mit diesen Vorgängen verbundenen Energiegrößen: »Die druch die Gravitation (Schwerkraft) bedingte Energie beim Kollaps jedes der beiden Türme ist mindestens 10^{11} Joule (J). Die als seismische Welle transportierte Energie für M_L von 2,3 ist ca. 10^6 bis 10^7 J. Damit wurde nur ein kleiner Teil der Energie in seismische Wellen umgesetzt. Der größte Teil der Energie ging in die Zerstörung der Gebäude und die Entstehung des Schutts und Staubs. Die Beobachtungen der Menschen in der Nähe der Einsturzstelle – laut Medienberichten – scheinen in voller Übereinstimmung mit der Fetstellung zu sein, daß ein Erdbeben (ausgelöst durch die herabstürzenden Massen) keinen wesentlichen Anteil als Kollapsursache oder für die Beschädigungen der umliegenden Gebäude habt hat. Die seismische Energie von M_L 0,7 bis 0,9, die für die Ereignisse berechnet wurde, ist nur ein kleiner Teil der kinetischen Energie eines jedes Flugzeugs von ca. 2×10^9J. Dies zusammen mit der Verbrennung (!) von 50 bis 100 t Treibstoff in jedem der beiden Flugzeuge ergibt ca. 10^{12}J, von der das meiste in großen Feuerbällen (sichtbar auf den TV-Bildschirmen) und im anschließenden Brand, der wiederum brennbares Material entzündete, aufgezehrt wurde. Weniger als der millionste Teil der im Treibstoff gespeicherten Energie wurde in seismische Wellen umgewandelt.« (das heißt: praktisch NICHTS!)

Das bedeutet: Die ›potentielle Energie‹, die sich aus den verbauten Massen – rund 500 000 t je Turm – errechnet, ist um 4 bis 5 Zehnerpotenzen größer als jene, die als seismische Welle umgewandelt und von den Observatorien aufgezeichnet wurde. Der Bericht sagt auch, daß diese gewaltige Energie damit aufgebraucht wurde, die Gebäude in Staub und kleinste Trümmer zu verwandeln. Das war ja offensichtlich der Fall, weil sich der feinste Staub tagelang in der Luft hielt und gleichmäßig über Manhattan verteilte – ohne beim Herabschweben noch in den Boden große Erschütterungen zu übertragen. Das Problem ist nur, daß sich ein einstürzendes Gebäude – bzw. dessen noch immer zusammenhängende riesige Trümmer – ohne weitere Ursache nicht im freien Fall in Staub und Asche auflöst.

Ebenfalls erstaunlich ist die Abschätzung der kinetischen Energie eines mit 4 – 500 km/h fliegenden Großraumflugzeugs (E_{kin} = ½.m·v²), die ihrerseits nur als winziger Bruchteil in Form einer seismischen Welle angekommen wäre. Hier ist wiederum bemerkenswert, daß der zweite Einschlag – im Südturm – im Vergleich zum ersten nach Aussage des Berichtes sehr klein gewesen sei. Widersprüchlich mit dem Augenschein ist hier, daß beim 2. Einschlag ein optisch viel eindrucksvollerer Feuerball sichtbar wurde als beim ersten – wo kaum etwas zu sehen war, und daß, obwohl der Nordturm voll und mit einer viel größeren ›Einschlag-Energie‹ getroffen wurde, dieser dann erst anderthalb Stunden später einstürzte. Die umgekehrte Reihenfolge wäre logischer gewesen.

Bedenkt man, daß die kinetische Energie der einschlagenden Flugzeuge mit ~ 10^9 Joule abgeschätzt wurde – also 2 bis 3 Zehnerpotenzen größer als jene als seismische Welle transportierte Energie des gemessenen ›Bebens‹ der Stärke 2,3 –, so erscheint auch dies merkwürdig, weil doch diese Energie vollkommen von der tragenden Struktur des WTC hätte aufgenommen worden sein müssen, insbesondere, da ja überhaupt kein einziges Flugzeugteil wie ein Geschoß durchgegangen ist und zu Boden fiel und diese Energie ja mangels anderer erkennbarer Umwandlung nur in die Fundamente abgeleitet worden sein konnte.

Registriert wurden hingegen Beben der Stärke 0,9 und 0,7 mit einer dominanten Periode von 0,8 und 0,6 Sekunden. Diese aber hatte wiederum eine völlige Ähnlichkeit mit den seismischen Registrierungen während des Kollapses des Gebäudes WTC-7, das um 17 Uhr 20 einstürzte – *ohne* Flugzeug-Einschlag oder fallende Trümmer oder ähnliche unmittelbare Folgewirkungen des Kollapses der WTC-Türme. Wenn es sich also im ersten Fall der WTC-Türme ganz offensichtlich um Sprengungen handelte, so ist bei der Ähnlichkeit des seismischen Bildes auch in den anderen Fällen allein Sprengung als Ursache zu unterstellen.

Schließlich sagte der Bericht auch, es sei von Erdbeben der Stärke 2,2 nicht bekannt, daß diese strukturelle Schäden an den Gebäuden nach sich zögen. Für den östlichen Teil der USA sei dafür der Grenzwert bei oder *über Werten von 4 bis 4,5 nach Richter*. Die Vermutung des Berichts, daß die mit feinsten Partikeln erfüllte Luft (die damit ein erheblich über dem Normalmaß liegendes spezifisches Gewicht bekommen hatte) ähnlich wie bei einer Staublawine im Gebirge oder pyroklastischen Vulkanausbrüchen Ursache der Zerstörung der anderen Gebäude gewesen sein könnte, ist unseres Erachtens nicht stichhaltig. So ist das WTC-6 gerade im selben Augenblick von einer Explosion zerstört worden, als der Kollaps des entfernter stehenden WTC-2 (Südturm) begann und die Trümmer und der Staub noch nicht die halbe Fallhöhe durchmessen hatten, also noch keine Wirkung auf dem Boden ausüben konnten. Auch zeigt die Art der Zerstörung – ein tiefer Krater – des WTC-6 an, daß dieses offenbar vom Keller aus gesprengt wurde. Überdies deckte der zu diesem Zeitpunkt noch stehende Nordturm das WTC-6 fast gänzlich gegen Trümmer des kollabierenden WTC-2 ab. Ähnliches gilt für das WTC-7, das erst rund sieben Stunden später – ohne erkennbare Ursache – vollständig zerstört wurde.

Schließlich sagt der Bericht, daß 50 bis 100t Treibstoff je Flugzeug zu Energien von je 10^{12} J führten. Diese Angaben sind zunächst einmal ›schlampig‹, weil die Boeing 767 nur maximal 63t mit sich führen kann und dies eine kaum zu erwartende Obermenge darstellt, die bei Inlandsflügen aus Gewichtsgründen gar nicht getankt wird, da sie für diese Strecke unnötig wäre.

Daß sich verbrennender Treibstoff nicht in Form seismischer Wellen niederschlagen würde, ist unmittelbar einsichtig – nicht hingegen die Ansicht des wissenschaftlichen Berichtes, daß das »meiste (Kerosin) in den großen Feuerbällen (die man in den TV-Bildern sah) verbraucht« worden sei, »in denen es in der Folge verbrannte«. Hierzu haben wir anhand der Expertise des französischen Spengstoff-Experten BUNEL nachgewiesen, daß die Feuerbälle nicht auf einen Kerosinbrand zurückzuführen sind. Außerdem müßte eine wie immer sehr große Menge Kerosin (das als Flüssigkeit nicht brennt!) unter der Wirkung der Schwerkraft, wie gesagt, in einer parabelförmigen Flugbahn zu Boden stürzen. Die Feuerbälle blieben aber an Ort und Stelle und erloschen überdies sehr schnell. Jedenfalls konnte die Zeit von nur wenigen Sekunden nicht ausgereicht haben, um auch nur die Hälfte von 63 t Kerosin in der Luft an Ort und Stelle schwebend zu verbrennen.

Wenn der Bericht davon spricht, daß »weniger als ein Millionstel der Treibstoffenergie in seismische Wellen umgesetzt worden sei«, so ist das eine geradezu lächerliche Aussage, weil ein Millionstel von jener Höchst-Tankladung von 63 Tonnen gerade ~ 63 g Kerosin sind, die – gleich, in welcher Weise in Energie umgewandelt – kaum einen größeren Impakt haben könnten, als ihn die Landung einer Fliege auf dem Dach des WTC verursachte. Darüber Abschätzungen abzugeben ist jenseits jeglicher Meßbarkeit und bedeutet nicht mehr, als daß das Observatorium der Columbia-Universität mit einer Pseudoaussage dem Dogma von der »Gluthölle durch explodierendes Kerosin« – wohl auch wider besseres Wissen – nicht widersprechen *wollte*.

Eine 10fache Amplitude bei den aufgezeichneten Wellen entspricht einer 100fachen Erhöhung der freigesetzten Energie. Diese »kurzperiodischen Oberflächen-Wellen« stellen eine »Interaktion zwischen dem Grund und den Gebäude-Fundamenten« dar, wie dem Bericht des Columbia Earth Institute zu entnehmen ist.

Sprengungen mit 80 000 Pfund Ammonium-Nitrat verursachen Erdbeben der Stärke zwischen 1 und 2. Der Bombenanschlag auf das WTC im Jahre 1993 mit geschätzten 0,5 t Dynamit wurde von den Seismographen *überhaupt nicht* registriert, obwohl die nächste seismische Station nur 16 km entfernt war.

»Nur ein Bruchteil der Energie der kollabierenden Türme wurde in Erschütterung des Boden umgewandelt. Die Erschütterungen des Bodens durch den Einsturz selbst waren äußerst gering.« Das ist bei den gespeicherten potentiellen Energien der beiden WTC-Türme doch sehr erstaunlich, weil bei einem Einsturz keine anderen Energiequellen verfügbar sein konnten als eben nur die stürzenden Massen.

Offensichtlich muß die Energiequelle, die den Boden unter den Türmen erschütterte, um ein Vielfaches größer gewesen sein, als es der gesamten Energie der herabfallenden Massen der Türme entsprach. Die Frage ist nur: Welcher Art war diese Energie-Quelle?

Wir erwähnten anfangs, daß die Dauer der Energiezufuhr beim Kollaps der WTC-Türme auf 5 bis 6 Sekunden geschätzt wurde. Das könnte auf die in genau zeitlich bestimmter Serie erfolgten Sprengungen zurückzuführen sein, die ja aus den Analysen der Video-Bilder deutlich sichtbar ist. Daß es sich dabei bloß zum geringsten Teil um eine Dispersion (ein Auseinanderlaufen) des Wellenpaketes wegen unterschiedlicher Ausbreitungsgeschwindigkeit der verschieden frequenten Wellen in unterschiedlichen Oberflächenschichten handelte, hatte der Bericht klar festgestellt. Dieser Befund deckt sich also mit dem mehrere Sekunden dauernden und beobachtbaren Sprengvorgang. Daß darüber hinaus auch jeweils sehr deutliche Spitzen zu erkennen sind – bedeutsam im Frequenzbereich von 1 Hertz –, paßte auch dazu, daß die von der Bilderserie (1) analysierten Aufnahmen jeweils eine neue Sprengung im Abstand von rund einer Sekunde erkennen lassen.

Während Stahl sonst oft (nach Brandkatastrophen) auf Spuren von Explosionen hin untersucht wird, haben die von der F.E.M.A. mit der Gebäudeuntersuchung beauftragten Ingenieure dies nicht getan – trotz der vielfachen Berichte von Augenzeugen, die Explosionen in den Gebäuden gehört hatten.

Ein Großteil des Stahls der statischen Konstruktion des WTC wurde an Alan D. RATNER von Metal Management in Newark, N.J., und die in New York ansässige Firma Hugo Neu Schnitzer East verkauft.

RATNER, der die New Jersey-Geschäftsstelle der in Chicago ansässigen Firma leitet, verkaufte den Stahl an eine Stahlfirma Baosteel in Shanghai für 120 $ per Tonne. RATNER zahlte dafür rund 70 $. Andere Ladungen an WTC-Stahl gingen nach Indien und andere asiatische Häfen. Eine weitere Form der ›amerikanischen Beweissicherung‹?

Den Originalbericht des Lamont-Doherty-Observatoriums haben wir als Anlage beigefügt. Diesem sind auch die Original-Meßaufzeichnungen sowie weitere Daten und Angaben zu entnehmen – zusammen mit einer deutschen Übersetzung.

Purdue-Universität –
Crash-Simulation eines Flugzeugs

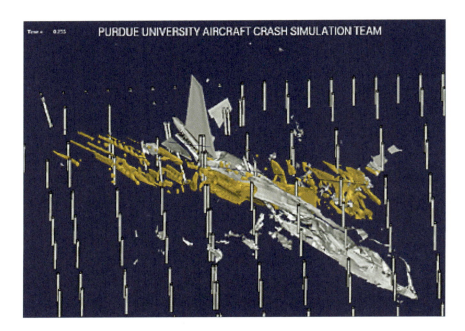

PURDUE UNIVERSITY AIRCRAFT CRASH SIMULATION TEAM

Purdue erstellte ein Simulationsmodell des Flugzeug-Crashs ins Pentagon. Anders als beim WTC hat dieses Gebäude eine typische, mit Stahlbeton versteifte (fast Fachwerk-)Struktur. Wie man sieht, trägt dies mit zusätzlichen Massen (und Abmessungen) zur Struktur bei. Aber da das Pentagon kein hohes Gebäude ist, bilden die Träger – aus stahlarmiertem Beton – dennoch eine schlanke Struktur, da deren Stärke und Festigkeit in Abhängigkeit von der Größe des Gebäudes bemessen werden. Wir dürfen annehmen, daß diese Parameter viel größere numerische Werte haben als beim WTC.

Was fand die Purdue-Universität heraus? »Dieses SW-Werkzeug ist außergewöhnlich, weil es Prinzipien der Physik nutzt, um zu berechnen, wie riesige Massen an Treibstoff und Ladung auf ein Gebäude wirken. Die Struktur des Flugzeugs verursachte relativ geringen Schaden, wie auch die Explosion und das Feuer als Folge des Crashs sehr unwahrscheinlich die dominanten Faktoren in dieser Katastrophe waren«, meinte SOZEN der Purdue-Universität, der das mathematische Modell dieser Simulation baute:»Das Modell ergibt, *daß die kri-*

t schsten Effekte von den mit hoher Geschwindigkeit bewegten Massen herrührten.« (Welch wissenschaftliche Einsicht!)

»Bei dieser Geschwindigkeit *verhält sich das Flugzeug wie eine Wurst
in der Haut*«, sagte SOZEN. Es hat keine große Festigkeit und *zerbröselt
praktisch beim Auftreffen.*

»Aber die kombinierten Massen vor allem im Inneren des Flugzeugs – insbesondere der *große Anteil an Treibstoff* – können *mit einem
gewaltigen Fluß verglichen werden, der auf das Gebäude prallte*«.

»Die Simulation behandelt insbesondere stahlarmierte Betongebäu-
de, im Gegensatz zu Wolkenkratzern wie den WTC-Türmen, in denen
Stahlsäulen und -träger für die nötige Stabilität und Tragfähigkeit sorg-
ten. Armierter Stahl ist von selbst feuerbeständig, anders als Stahlträ-
ger/-säulen, die gegen Feuer speziell geschützt werden müssen«.

»›Da das tragende Skelett des Pentagon eine hohe Festigkeit auf-
wies, *war es in der Lage, einen Großteil der kinetischen Energie des Aufpralls abzufangen*‹, behauptete Christoph M. HOFFMANN, Professor im
Fachbereich Computerwissenschaften und am Purdue Computer Research Institute.«

»SOZEN schuf das mathematische Modell für armierte Betonsäulen.
Das Modell wurde dann zum Ausgangspunkt der Simulation.«

»HOFFMANN programmierte SOZENS Modell als Simulationspro-
gramm, in dem das Flugzeug und seine Massen als ein Netz von Hun-
derttausenden ›finiter Elemente‹ oder kleiner Quadrate, die die spezifischen physikalischen Parameter repräsentieren, erscheinen.«

Solche Feststellungen sind amüsant. Nicht das Flugzeug, nicht das
Feuer war Ursache der Verwüstung. Und das Pentagon absorbierte –
aufgrund seiner besonderen Festigkeit – den Großteil der kinetischen
Energie! Solche Behauptungen können keine wissenschaftliche Erkenntnis sein, sondern sind politische Korrektheit; und jene, die solchen Unsinn sagen, scheinen aufgezogene Wurlitzer[1] zu sein.

Es wundert uns, daß die Purdue-Studie die Antriebsmotoren
überhaupt nicht erwähnte, jene einzig bedeutsamen Elemente des
Flugzeugs, die erhebliche Massen besitzen, kompakt und von gestreck-
ter Form sind und aus den härtesten und mechanisch festesten Me-
tall-Legierungen bestehen, die allein einen ›harten Stoß‹ verursachen.
Purdue fokussiert dagegen auf die Ladung und den Treibstoff! (Welche Ladung eines praktisch zu drei Vierteln *leeren* Flugzeugs?) Und

---

[1] Wurlitzer: ›Juke-Box‹, in die man eine Münze einwirft und die dann die
ewig gleichen Platten leiert.

warum sollte eine Flüssigkeit mehr Schaden anrichten als massives Material (obwohl selbst Leichtmetall und Sandwich-Bauweise dem Flugzeug die Stabilität geben), das sich doch zu etwa 80 Tonnen addiert? Das Bild eines »riesigen Flusses« scheint eine nette Einbildung zu sein, aber was ist riesig, wenn man die Kerosin-Zuladung (max. 43 500 l bzw. ~ 34,8 t) bedenkt, die überdies über die Spannweite der Tragflächen verteilt ist? (Siehe auch Fußnote Nr. 487 bezüglich des ›harten‹ und ›weichen Stoßes‹ in unserem Buch *Wir werden schamlos irregeführt!,* 2. Auflage, Kapitel über den Crash des WTC-2.)

Das Simulationsbild der Boeing innerhalb der Säulen zeigt an:

a. das Flugzeug ist in das Gebäude voll eingedrungen,

b. die verschiedenen Elemente des Flugzeugs stellen nach dem Eintritt immer noch ein Flugzeug dar – wenn auch bereits im Zustand der Auflösung.

Wie sollte das vor sich gehen? Die innere Mauer des ersten Gebäuderings des Pentagons blieb offensichtlich auch nach der erst eine Dreiviertelstunde nach dem angeblichen Flugzeugaufprall einstürzenden Außenfront stehen, und die Büro-Einrichtung in der ›Einschlagszone‹ wurde nicht zerstört, was doch nur bedeutet, daß das Flugzeug im Fall des Pentagon nicht ›voll ins Gebäude‹ eingedrungen sein konnte.

Und wenn wegen des Trägheitsmoments des mit hoher Geschwindigkeit bewegten Flugzeugs die Bewegung der Massen mehr oder weniger erhalten bleibt (nach Geschwindigkeit und Richtung), müßte auch die Treibstoffladung auf ihrem Kurs bleiben. Im Fall des WTC, dessen Büroflächen *ohne hindernde Säulen* gebaut wurden, bedeutet dies, daß eine praktisch ungehinderte Bewegung des Kerosins durch den Turm erfolgt sein müßte, das an der anderen Seite wieder weitgehend austritt. Im WTC sahen wir aber drei Explosionen, die in vertikaler Richtung zu den jeweiligen Fassaden hervorbrachen, was offensichtlich nicht dem Bewegungsimpuls des Flugzeugs entsprach.

Es scheint uns, daß wissenschaftliche Ergebnisse nicht ortsabhängig sein oder vom Namen des untersuchten Objekts abhängen können. Darum sollte – mit den nötigen Abänderungen – das, was für das Pentagon angeblich gefunden wurde, auch für das WTC gelten. Wie auch immer, es ist eine weitere Lüge zur Unterstützung der US-Regierungspolitik – dem ›Neuen Amerikanischen Jahrhundert‹ –, aber sie deckt sich nicht mit den bekannten Fakten und geltenden naturwissenschaftlichen Gesetzen. Es ist lächerlich, was eine Universität als angeblich wissenschaftliche Untersuchung vorlegt – und eine Schande für die Wissenschaft.

Nur so zum Spaß: Das folgende Bild stammt von der Purdue-Simulation. Die Triebwerke scheinen den Rasen zu berühren. Wir wundern uns aber, wie es in diese Lage gekommen sein konnte. Es müßte zuvor schon die vorbeiführende Straße, die Straßen-Installationen mitgerissen und den Rasen umgepflügt haben.

Wir vermissen hier auch die unbeschädigten Lichtmasten, die im Weg des Flugzeugs gestanden sind. Wenn wir die Landung von Passagier-Flugzeugen beobachten, sehen wir, daß sie, solange sie noch fliegen, mit der Nase oben und dem Heck unten aufsetzen. Anders würden sie wohl herunterfallen. Erst wenn das Fahrwerk den Boden berührt, senkt sich das Bugrad ebenfalls, und das Flugzeug kommt in eine waagerechte Lage, wie sie hier im Computerbild dargestellt wird. Von dieser Zeichnung kann abgeschätzt werden, wo die Massen jener Teile positioniert sind, die einen ›harten Stoß‹ verursachen können.

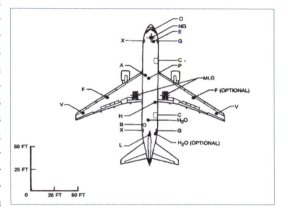

Maßstabsgerechte Zeichnung der Boeing 767-200, 767-200ER

Diese sind die beiden Triebwerke und das Fahrgestell und eventuell das Zentrum des Flugzeugs. Wenn diese Teile ein festes Hindernis treffen – eine Mauer oder die Säulen etwa des WTC im Kern –, würden sie massive Zerstörungen verursachen. Der Abstand der Antriebsmotoren beträgt bei der Boeing 676 etwa 20m, bei der ins Pentagon angeblich gerasten Maschine des Modells 757 ungefähr 16m. Die Beschädigungen der Außenmauer haben eine Breite von etwa 12 bis 15m, wobei das ursprüngliche Loch – vor dem Einsturz der Außenmauer – etwa 5m breit war. Bedenkt man noch den schrägen Auf-

treffwinkel, der aufgrund der Löcher in den inneren Gebäuden ein das Pentagon treffendes Objekt genommen haben mußte, so muß die beschädigte Zone des Außenbereichs sehr viel breiter angenommen werden. Die den größten Schaden verursachenden Teile des Flugzeugs haben aber nach dieser Studie überhaupt keinen hinterlassen. Den Umstand, daß die Mauer erst viel später nach dem angeblichen Crash einstürzte, haben wir schon gar nicht mehr hervorgehoben.

Fassen wir zusammen:

1. Das Modell dieser Simulation vereinfacht das Pentagon zu einem Gittermodell von armierten Betonsäulen, zwischen denen die Teile des Flugzeugs sozusagen durchschlüpfen. Es ist jedoch klar, daß Betonwände – beim Pentagon – selbst eine erhebliche Stabilität und Festigkeit haben.

2. Die Existenz der Triebwerke wird offensichtlich negiert. Dabei sind sie die wichtigsten Komponenten, die für Zerstörungen betrachtet werden müßten.

3. Es wird in ganz unwissenschaftlicher Weise eine Assoziation eines »riesigen (reißenden) Flusses« beschworen, als ob die Mengen des maximal mitgeführten Kerosins das darstellen könnten. Es ist auf einer Tragflächenweite von rund 40 m und einer durchschnittlichen Tiefe von vielleicht 2 bis 3 m verteilt und geradezu das Gegenteil eines »Flusses«. Die Zerstörungskraft »riesiger Flüsse« beruht nämlich auf der Konstanz und Bündelung der nachfließenden Wassermassen.

4. Das Modell erklärt nicht, was mit den Resten des Flugzeugs – immerhin rund 80 t – passiert sein soll.

Verglühendes Space-Shuttle. Rechts ein – angeblich von einem zufällig in der Nähe befindlichen Satelliten aus aufgenommenes Bild.

Im Jahre 2003 ist die Raumfähre Columbia in 70 km Höhe beim Eintritt in die Erdatmosphäre teilweise verglüht und desintegriert. Die hier auftretenden Temperaturen führten zur Weißglut der Teile, Temperaturen, die bei einem Crash am Boden niemals erreicht werden. Dennoch fand man von der Columbia weit verstreut die Trümmer, ja angeblich sogar – ein Wunder – Leichenreste des israelischen Astronauten.

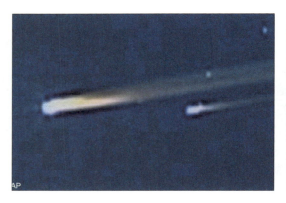

(inverses) Radarbild des Shuttle beim Eintritt,
während seiner Zerstörung/Desintegration.

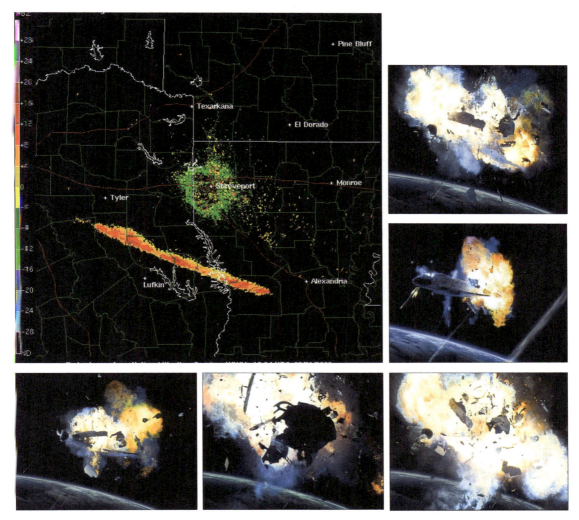

Der Reihe nach die Desintegration und Explosion. Der Treibstoff ist hier offenbar kein Kerosin, sondern hochexplosiv. Selbst wenn diese Bilder ›Hollywood‹ als Quelle haben, geben sie einen Eindruck von der Zerstörung. Um so erstaunlicher ist es, daß man aus 70 km herunter fallende Teile des mit 6- bis 8facher Schallgeschwindigkeit in die Atmosphäre tretenden Shuttle, das allein deswegen schon Gluthitze ausgesetzt ist, am Boden findet.

Zerstörungen im Pentagon

Diese Frage nach dem Verbleib des Flugzeugs wurde schon mehrfach diskutiert.[1] Die Nichtexistenz der Reste eines Flugzeuges ist auch unbestritten, da sich manche ›offizielle‹ Erklärungen auf solchen Unsinn versteifen, daß in diesem Fall die ›Explosion‹ so heftig gewesen sei, daß die Flammen Temperaturen von 2500 ° erreicht hätten, bei denen sämtliche Teile der Boeing 757 ›verdampft‹ seien. Dazu erübrigt sich jeder Kommentar.

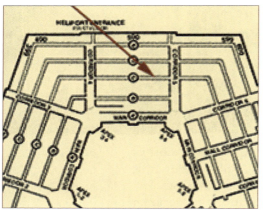

Wir gehen daher nur noch dem mutmaßlichen Vorgang nach, nämlich einem Beschuß mit einer Rakete von der Luft aus.

Die roten Pfeile zeigen die Schußbahn eines Cruise Missile an, das die erste Außenmauer des Pentagons mit einem ca. 5m Durchmesser großen Loch durchschlug und an der Innenseite des dritten Gebäuderings noch ein Loch mit ca. 2,3m Durchmesser ausstanzte.

Eine derartige Durchschlagskraft hat nur eine Rakete mit einem ›penetrating warhead‹, die am Ende ihrer Schußbahn einen weiteren Spreng-

[1] Gerhoch REISEGGER, *Wir werden schamlos irregeführt!* Hohenrain, Tübingen 2003, [3] 2004; Thierry MEYSSAN, *Der inszenierte Terrorismus*, de facto, Kassel [2] 2003; ders., *Pentagate,* de facto, Kassel 2003, und zahlreiche Webseiten.

kopf mit Verzögerung zündet. Ein Flugzeug kann niemals derartige Löcher stanzen und sich dann obendrein völlig in Nichts auflösen.

Schwarzer Pfeil: Eintritt, roter Rahmen: siehe Vergrößerung (unten)

Keine weiteren Beschädigungen an Mauer und Fenstern, außer ein paar zerbrochenen Scheiben; nur ein relativ kleines Loch in Bodennähe in der Mauer.

Wenn man bedenkt, mit welchen unklaren, nicht aussagefähigen Satellitenbildern die USA gewöhnlich ›beweisen‹, wer wo eine ›Fabrik für WMDs‹ betreibt, muß man sich wundern, mit welch abwegigen Interpretationen hier die ganze Welt für dumm verkauft wird.

Dies ist offensichtlich das Loch eines größeren Hohlladungs- Geschosses – d. h. einer entsprechenden Luft-Boden-Rakete –, das von einer Träger-Plattform abgeschossen worden sein mußte.

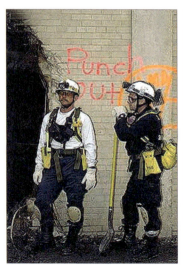

Simulation des Pentagon-Crashs

Es werden die geometrischen Verhältnisse gezeigt, wie sie sich aufgrund der festgestellten Ein- und Austrittsöffnungen jenes fliegenden Objektes zwingend ergeben, welches das Pentagon offensichtlich getroffen hat.

Da die offiziellen Erklärungen nach wie vor jenes American Airline- Flugzeug, eine Boeing 757, als ›Tatwerkzeug‹ behaupten, soll hier die Möglichkeit oder Unmöglichkeit einer solchen Behauptung näher untersucht werden. Grundlage dafür sind die Bilder, die von den Ein- bzw. Durchschußlöchern jenes unbekannten Flugobjektes stammen, mit deren Hilfe jedenfalls der Kurs endgültig festliegt. Zur Grundlage gehören außerdem die Aufnahmen einer Überwachungskamera von einem Kontrollpunkt des Pentagons.

Mit Hilfe vergrößerter Detailbilder der Stadtsilhouette werden schließlich die geographischen Bezugspunkte identifiziert, die es ermöglichen, das Blickfeld der Kamera genau zu bestimmen – und was diese ›gesehen‹ haben müßte. Es stellte sich nämlich heraus, daß das Pentagon nicht alle Bilder der Überwachungskamera freigab. Es feh-

len insbesondere jene, die vermutlich eine Identifikation des Flugobjektes ermöglicht hätten.

Aufgrund der Ein- und Austrittsöffnungen (im *dritten* Innenring-Gebäude) ist klar, daß dies niemals ein Flugzeug gewesen sein konnte und nur eine Rakete dafür in Betracht kommt.

Die so rekonstruierte Geometrie gibt auch Aufschluß darüber, daß jenes schnell fliegende Objekt wegen der Kürze der Zeit einer menschlichen Wahrnehmung weitgehend entzogen sein mußte, also die behaupteten Identifikationen durch ›Augenzeugen‹ sehr zweifelhaft sein müssen.

Die feststehenden Ein- und Austrittsöffnungen legen den Kurs mit 50° in
bezug auf die Außenfassade des
Pentagons fest.

Von einer Überwachungskamera des
Pentagons wurden verschiedene Bilder
gemacht, die den Kurs des Flugobjektes
fast parallel zum Boden nahelegen
(~ 3°). Die Analysen der Bilder haben
ergeben, daß die vom Pentagon veröffentlichten nicht alle aufgenommenen
sind. Dies legt nahe, daß auf den zu-
rückgehaltenen doch Aufschlüsse über
das Objekt unmittelbar gewonnen
werden könnten. Im kleinen eingefügten Bild wird aus dem verwirbelten
Abgas-Strahl einer wahrscheinlichen
Antriebsdüse auf die Achse des unbekannten Flugobjektes geschlossen. Ob
es das behauptete Flugzeug sein kann,
werden die weiteren Untersuchungen
zeigen.

Position der Kamera am linken Bildrand auf dem Dach des Kontroll-
häuschens.

**Ein tritts- und Austrittsöffnung
der Raketenflugbahn.**
Damit ist die Flugbahn *exakt* definiert.
›Typischer‹ Einschlag einer
Verkehrsmaschine vom Typ Boeing 757?

*Bild im Bild: Austrittsöffnung
mit einem Durchmesser von 2,3m.*

Sichtfeld der Überwachungs-Kamera mit
Blick auf den späteren Einsturzort.

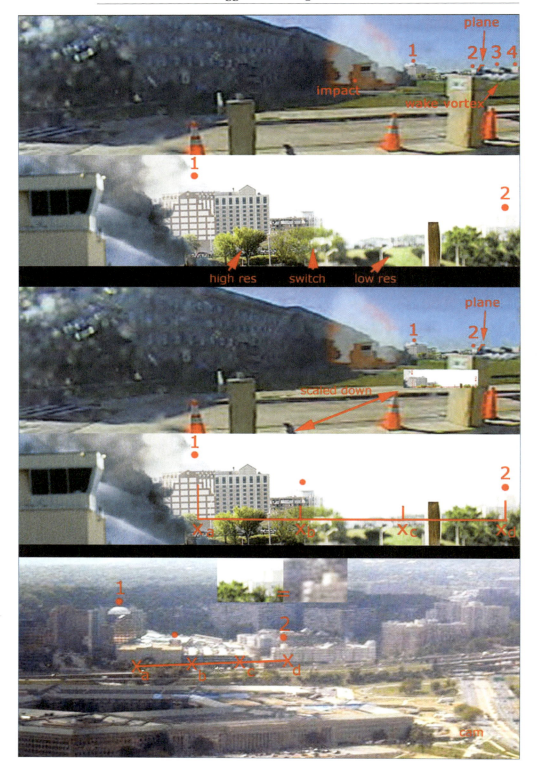

Die Aufnahmen der vorigen Seite zeigen die Auflösung des Bildfeldes. Die jeweils eingefügten Vergrößerungen von Details des an sich bekannten Stadtbildes erlauben die Identifizierung und somit Orientierung. Interessant ist beim 2. bzw. 4. Bild in voriger Serie, daß mitten im Bild auf eine schlechtere Auflösung umgeschaltet wurde. Der Zuordnung tut dies aber keinen Abbruch.

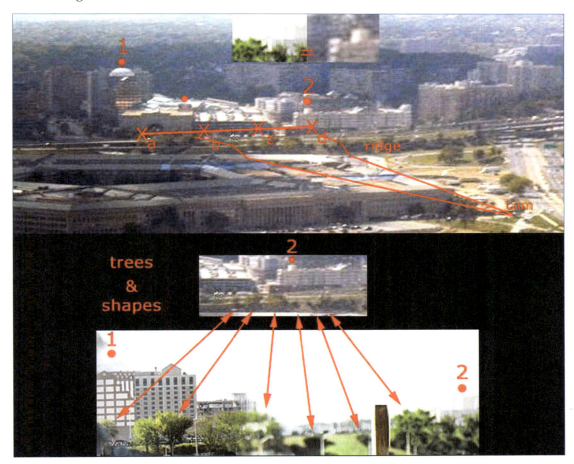

Das letzte Bild zeigt die Stadtsilhouette nochmals aus anderer Perspektive, wobei hier in der unteren rechten Ecke der Standort der Kamera auch markiert ist (cam). Auch hier sind die Identifizierungen ganz klar.

Maßstäbliches Bild der Boeing 757 – Spannweite ~38 m
Die roten Markierungen zeigen, wo ein reales Flugzeug bei der gegebenen Lage des äußeren Einschlagloches auf das Gebäude treffen
müßte. Das war aber nicht der Fall, wie man an den Nicht-Zerstörun-
gen der Fassade und Fenster (!) unmittelbar erkennen kann.

Unten dasselbe Bild nochmals – vor dem Einsturz der Außenfassade.
Das Heckleitwerk müßte die oberen Etagen zerstören. Hier sind, wie
spätere Aufnahmen zeigen, sogar die Fenster noch intakt.
Grau unterlegt: spätere Zone der Gebäudeschäden

Nachfolgend (rechte Seite): die spätere ›Crash-Zone‹ in Nahaufnahme.

Das Flugzeug simuliert, als sei es bereits ins Gebäude eingedrungen:
Wo müßte das Heckleitwerk auftreffen?

Die Löscharbeiten in der ›Crash-Zone‹ zeigen, daß die Fenster heil
geblieben sind, wo eigentlich das Heck des Flugzeugs diese – und die
Mauer – zerstört haben müßte.

Die roten Pfeile deuten auf ein Fenster unmittelbar über dem äußeren Einschlagsloch hin, das offensichtlich von einem ›*penetrating warhead*‹ (quasi panzerbrechenden Gefechtskopf einer Rakete) in die Fassade gestanzt wurde, ohne die Umgebung auch nur zu beschädigen.

Man erkennt auch, daß mit Wasser gelöscht wird, was bei einem Kerosin-Brand nicht der Fall sein würde. Und man sieht außerdem, daß praktisch keine Schwärzungen von einem schweren Öl-Brand an der Fassade zu erkennen sind.

Der rote Punkt markiert den Einschlag, davor der vielfach gerühmte ›Golfrasen‹. Rechts im Bild ein brennender LKW, das einzige Objekt, bei dem ölhaltige Flüssigkeiten in Brand geraten sind.

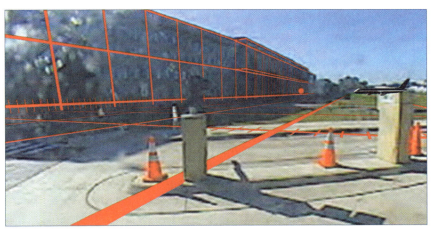

Hilfslinien zur besseren Orientierung der Aufnahme-Geometrie. Am rechten Bildrand wieder der Abgaswirbel eines Düsentriebwerkes auf der Aufnahme der Überwachungskamera.

Die nächste Aufnahme (Seite 128 f.) zeigt den schmalen Ausschnitt, innerhalb dessen ein Flugobjekt von der Kamera gesehen werden konnte. In den vorigen Bildern wurde die Methode bzw. Fixierung der Sehstrahlen dargelegt. Hier wird deutlich, daß das Flugobjekt nur für eine extrem kurze Zeit sichtbar war. Bei einer Geschwindigkeit von 1000km/h, was für eine Luft-Boden-Rakete realistisch sein dürfte, bedeutet das, daß sie pro Sekunde rund 280 m zurücklegt. Der Abschnitt, in dem das Flugobjekt von der Kamera gesehen wurde, ist etwas länger als die Längsseite einer Boeing, also etwa 70 m. Damit beträgt die Beobachtungsdauer gerade eine Viertelsekunde. Das dürfte auch für die ›Augenzeugen‹ analog gelten, was deren widersprüchliche Angaben erklärte, insbesondere ihre genaue Beschreibung dessen, was sie angeblich erkannt haben wollen.

»Tuesday, September 11, 2001; 4:59 PM Steve Patterson, 43, said he was watching television reports of the World Trade Center being hit when he saw a silver commuter jet fly past the window of his 14th-floor apartment in Pentagon City. The plane was about 150 yards away, approaching from the west about 20 feet off the ground, Patterson said. He said the plane, which sounded like the high-pitched squeal of a fighter jet, flew over Arlington cemetary so low that he thought it was going to land on I-395. It was flying so fast that he couldn't read any writing on the side. The plane, which appeared to hold about eight to 12 people, headed straight for the Pentagon but was flying as if coming in for a landing on a nonexistent runway, Patterson said. ›At first I thought 'God, there's a plane truly misrouted from National.‹ »Then this thing just became part of the Pentagon. . . I was watching the World Trade Center go and then this. What's next?« He said the plane, which approached the Pentagon below treetop level, seemed to be flying normally for a plane coming in for a landing other than going very fast for being so low. Then, he said, he saw the Pentagon ›envelope‹ the plane and bright orange flames shoot out the back of the building. By BARBARA VOBEJDA *Washington Post* Staff Writer Tuesday, September 11, 2001; 4:59 PM«

http://www.washingtonpost.com/wp-srv/metro/daily/sep01/attack.html

›Dienstag, 11. September 2001, 16 Uhr 59. Steve Patterson, 43, sagte, daß er Fernsehberichte vom Einschlag ins World Trade Center ansah, als er ein silbriges Flugzeug am Fenster seines im 14. Stock gelegegenen Appartments in Pentagon City vorbeifliegen sah. Das Flugzeug war ungefähr 150yards (ca. 135m) entfernt und kam vom Westen ca. 20 Fuß (ca. 6,5m) über dem Boden daher, sagte Patterson. Er sagte, daß das Flugzeug, welches sich wie das hochgezogene Kreischen eines Kampfflugzeuges anhörte, über den Arlington-Friedhof so tief flog, daß er schon glaubte, es würde auf der I-395 (der Interstate-Autobahn Nr. 395) landen. Es flog so schnell, daß er die Aufschriften an den Seiten nicht lesen konnte. Das Flugzeug, von dem er den Eindruck hatte, als ob es ca. 12 Personen Platz böte, flog direkt auf das Pentagon zu und flog dabei so, als wollte es auf einer nicht vorhandenen Landebahn landen, sagte Patterson. »Zuerst dachte ich: ›Um Gottes Willen, da ist ein Flugzeug tatsächlich vom Anflug auf den National (Airport) abgekommen.‹ Da verschmolz dieses Ding geradezu mit dem Pentagon. . . Ich beobachtete gerade die Vorgänge beim World Trade Center und nun das hier. Was kommt als nächstes?« – Er sagte, daß das Flugzeug, welches das Pentagon niedriger als in Baumwipfel-Höhe ansteuerte, wie eine Maschine normalerweise beim Landeanflug zu fliegen schien, abgesehen von der für diese niedrige Höhe viel zu hohen Geschwindigkeit. Dann sagte er, daß er sah, wie er das Flugzeug vom Pentagon förmlich verschluckt wurde und hell-orange Flammen aus dem Inneren des Gebäudes herausschossen. – Von Barbara VOBEJDA, *Washington Post*-Mitarbeiterin, Dienstag, 11. September 2001, 16 Uhr 59.

http://www.washingtonpost.com/wp-srv/metro/daily/sep01/attack.html

Kurs, Blickwinkel und allgemeine Lage

Der Maßstab auf diesem Bild ist: 1 Pixel = 1 m. - Zur leichteren Orientierung sei die Kantenlänge des Pentagon[1] genannt: ~ 280 m.

---

[1] Die Lage des Pentagons ist jenseits des Potomac-Flusses von Washington D. C. das Gebäude ist 71 feet (21.6 meters) high, five stories tall, plus a mezzanine and basement. The five concentric rings are named A, B, C, D, E, from the inner ring facing the courtyard (A ring) to the outside ring (E). 921 feet (~ 280 m) along each outer side façade.

Zerstörungsfreier Crash

Untenstehendes Bild zeigt in der Vergrößerung des scheinbar gegen
das WTC fliegenden Flugzeuges, daß dieses Flugzeug schlecht hineinkopiert wurde. Auf dem Monitor des PC sind die gröberen Pixel
und die in vertikaler und horizontaler Richtung scharf abgegrenzten
Farbsprünge gegenüber dem Bild der WTC-Fotographie deutlich erkennbar.

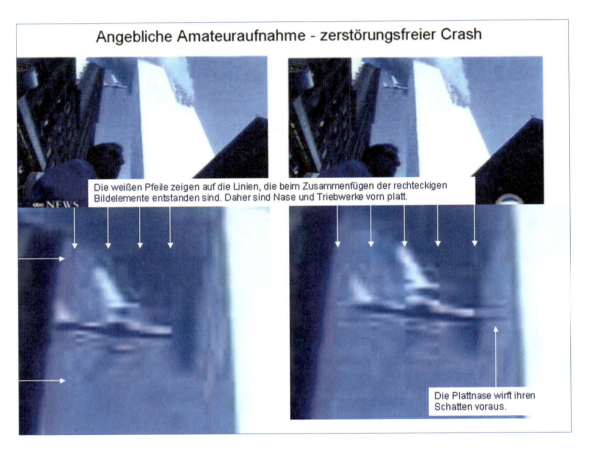

Angebliche Amateuraufnahme - zerstörungsfreier Crash

Die weißen Pfeile zeigen auf die Linien, die beim Zusammenfügen der rechteckigen
Bildelemente entstanden sind. Daher sind Nase und Triebwerke vorn platt.

Die Plattnase wirft ihren
Schatten voraus.

Die Auflösung des Druckers und die hier verwendete Papierqualität lassen das hier nicht erkennen. Die Pfeile zeigen aber am Monitorbild genau auf diesen Effekt.

Zu erkennen ist allerdings noch ganz deutlich, daß die Rundung des Radarnase der Boeing scharf abgeschnitten erscheint, wie auch auf dem rechten Bild ein ›Schatten‹ geworfen wird, der aber nur eine Störung im digitalen Bild darstellt, die beim Hineinkopieren anderer Objekte erfolgte.

Man erkennt am Monitor auch ganz deutlich, daß die beiden Bilder eine unterschiedliche Auflösung haben; jene von den Gebäuden ist deutlich höher als die des nachträglich eingefügten Bildes des Flugzeugs. Hier erscheinen die Pixel bei starker Vergrößerung schon viel früher als Block-Graphik, die sich stark von den viel feineren Übergängen des WTC-Bildes abhebet.

Das Bild ist also eine Fälschung, bei der in das Ensemble der WTC-Türme, von denen der Nordturm bereits brennt, ein Flugzeug hineinkopiert wurde, das in Wahrheit nicht existiert, bei dem aber in der unmittelbaren Bilderfolge auf den nächsten Bildern (siehe Seite 132; Bilderserie vom Sender ABC: *virtueller* Anflug einer Boeing auf das WTC-2) die – angeblich vom crashenden Flugzeug hervorgerufene – Explosion sichtbar wird.

Wir erwähnen nur am Rande, daß die Person unten im Bild, über deren Kopf eben ein Flugzeug in ein Gebäude rast, von diesem Vorgang anscheinend nichts bemerkt, weil sie völlig teilnahmslos vor sich hin blickt – und dies, obwohl erst eine Viertelstunde zuvor ein anderes Flugzeug angeblich in den Nordturm gekracht sein soll, und nun schon wieder eines knapp über dem Kopf des Mannes fliegt, wo es nicht fliegen soll. Er hätte es ja wohl hören müssen und wegen der vorangegangenen Ereignisse alarmiert gewesen sein. Aber erst als die nun echte Explosion erfolgte, blickte diese Person nach oben.

Die vom Sender ABC verbreitete Bilderserie hätte kritische Betrachter stutzig machen müssen, denn sie zeigt nichts anderes als den *virtuellen* Anflug einer Boeing auf das WTC-2. Obwohl gerade eine Viertelstunde zuvor angeblich der Nordturm von einem Kamikaze-Flieger getroffen wurde, scheint die unten sitzende Person wie gesagt nichts von diesem neuen Geschehen zu bemerken. Erst als die Explosion – echt – hörbar wird, blickt sie nach oben.

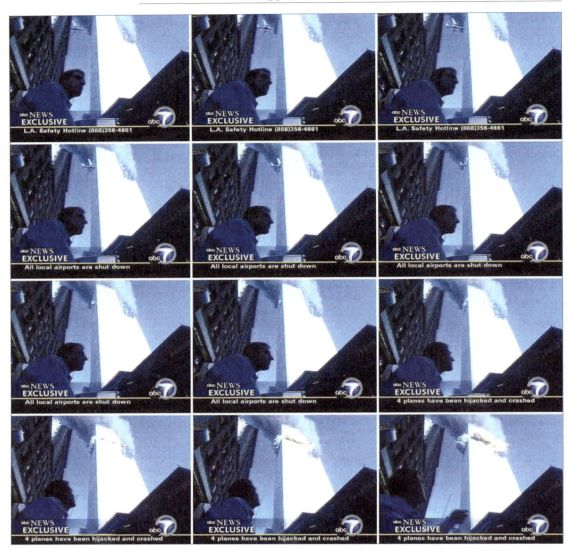

Im übrigen erkannt man, daß dieses virtuelle Flugzeug zwar komplett ins Gebäude kracht, aber keinerlei mechanische Zerstörungen – weder Trümmer des Flugzeugs noch der Fassade herunterfliegen. Auch die Kante des WTC bleibt bis zur Explosion unbeschädigt, obwohl die Tragfläche über diese hinaus geragt haben müßte, also Schäden erkennbar wären, wäre das Ereignis ein reales. Daß dies so ist, ist zwingend vom ›Einschlagsloch‹ zu schließen, dem zufolge die rechte Tragfläche über das Gebäude hinausreichen mußte.

Bild von einem ›Fenstersturz‹ eines angeblich Verzweifelten aus der ›Flammenhölle‹ des WTC.

Dieses Bild läßt unschwer bei entsprechender Vergrößerung (4- bis 7fach) erkennen, daß es in eine Aufnahme des WTC hineinkopiert und pixelweise manipuliert wurde.

1. ist die Auflösung des ursprünglichen Bildes (WTC) viel höher als jene der nachträglichen Einfügung, wie an der äußerst groben Blockstruktur der Pixel erkennbar ist,

2. stimmt die Größe des linken Fußes nicht zur sonstigen Größe,

3. fehlt dem rechten Bein überhaupt ein Fuß, oder er ist in einer unanatomischen Weise hinter das Linke Bein ver-reht, die unmöglich ist,

4. Ober- und Unterkörper passen überhaupt nicht zusammen. Besonders am Unterkörper und Bein-Bereich wurde die Figur offenbar pixelweise aufgebaut,

5. die Haltung beim Absturz kopfüber ist gänzlich unvorstellbar. Jedermann würde bei so einem Sturz die Arme und Hände auch bei Selbstmordabsicht unwillkürlich vor sich strecken,

6. die Figur hat offenbar überhaupt keine erkennbaren Arme,

7. die gesamte Außenkontur ist mit eingefügten viel gröberen Pixeln manipuliert worden.

Der Zweck dieser plumpen Fälschung war es offenbar, einerseits die persönliche Dramatik zu steigern, andererseits jenes Märchen von der Feuerhölle im ~ 80 Stockwerk glaubhaft zu machen. Dem ist aber nicht so, wie von den bis zum Ort des Geschehens vorgedrungenen Feuerwehr-Offizieren – Battalion Chief Orio PALMER und seinem Kollegen, dem Fire-Marshal Ronald P. BUCCA – Monate später bekannt wurde. Ein unter Verschluß gehaltenes Tonband des Sprechfunks bestätigte dies. Außerdem sah man auf anderen Bildern Menschen an den Außenfassaden angelehnt, was bei allgemeiner ›Gluthitze‹ wohl nicht möglich gewesen wäre.

Diese ›Jumpers-Fotos‹ sind offensichtlich gefälscht! Man braucht sie nur mit einem Graphikprogramm zu betrachten und sie 4- bis 6fach zu vergrößern. Dann erkennt man, daß sie *per Pixeleingabe manuell erzeugt wurden.*

Es ist auch bemerkenswert, daß die meisten ›Verzweifelten‹ vom Nordturm sprangen (der nach dem Ereignis im Südturm etwas weniger Aufmerksamkeit auf sich zog!) und sich dort die Leichen am Boden befunden haben sollen. Manche Springer sind mindestens 8 bis 10m von der Fassade entfernt; wie wären sie so weit gekommen? Das ist ja mehr als Weitsprung-Weltrekord – ohne Anlauf! Manche halten sich an den Händen - besonders rührend: ›gemeinsam in den Tod‹ oder ›im Tode vereint‹.

Die Abstände der Außen-Pfeiler des WTC betragen, vom jeweiligen Mittelpunkt gemessen, 1m, wobei die Pfeiler selbst etwa 0,5 m breit sind. Das bedeutet, daß die Fensteröffnungen ebenso schmal sind, so daß jeweils nur einer auf einmal hindurch könnte. Wie hält man da Händchen?

Offenbarer Schwindel, um auf die Tränendrüsen zu drücken.

Hier ist auf der Papierwiedergabe die Grobheit der Blockgraphik – also die Größe der Pixel – nicht so deutlich zu erkennen wie am Bildschirm. Man sieht aber die Störung des Bild- und Farbverlaufs deutlich, um die Fälschung zu merken.

Perfekte Kunstsprünge.
Der rechte ›Turmsprin-
ger‹ hat sogar zuvor
seinen Oberkörper frei
gemacht. Selbst das
rechte ›scharfe‹ Bild
zeigt die Pixelstruktur
und Störung der Umge-
bung des Bildes – wie
bei allen anderen.

Anhang

Originalbericht des Lamont-Doherty-Observatoriums

Seismische Wellen, hervorgerufen durch Einschläge von Flugzeugen und Gebäudeeinstürzen beim World Trade Center, New York City.

Seismologen müssen ihre Arbeit der Datenerfassung und Analyse manchmal vor dem Hintergrund tragischer Ereignisse erledigen. Gewöhnlich ist die Umgebung für ihre Feldarbeit weit von zu Hause entfernt, in einer Gegend, die in irgendeiner Weise von zerstörerischen Wirkungen eines Erdbebens betroffen wurde. Aber gegenwärtig sind wir in diesem Fall in unserer eigenen Gegend, der von New York City; genauer ist dies das Lamont-Doherty Earth Observatory (das seismologische Institut) der Columbia-Universität in Palisades, N.Y.; und der Zusammenhang sind unmenschliche Aktionen gegen Menschen und die Gesellschaft als Ganzes.

Als sich die schrecklichen Ereignisse des 11. September schließlich enthüllten, fanden wir zahlreiche seismische Signale von den beiden Einschlägen der Flugzeuge und dem Kollaps der zwei World Trade Center-Türme, öfters zu verschiedenen Zeiten als jene, die von anderswo berichtet wurden. Die Einstürze der WTC-Türme erzeugten große seismische Wellen, die in fünf Staaten und bis zu 428 km entfernt beobachtet wurden. Der Kollaps des Nordturmes war die größte seismische Quelle und hatte eine lokale Stärke[1] von M_L 2,3. Von daher schließen wir, daß das Erdbeben, das vom Einsturz der WTC-Türme ausgelöst wurde, keinen wesentlichen Beitrag zum Einsturz und zu den Beschädigungen der umgebenden Gebäude leistete, aber unglücklicherweise schließen wir auch, daß aus der Entfernung, in der unsere eigenen Beobachtungen gemacht wurden (die nächstgelegene Station in Palisades, N.Y., ist 34 km entfernt), es unmöglich festzustellen ist, welche bodennahen Erschütterungen hier vorgele-

---

[1] Die Stärke der seismischen Wellen wird hier mit M_L angegeben, was etwa den Werten nach der Richter-Skala entspricht.

gen haben müßten (mit jener Detaillierung, die nötig wäre, um den Anforderungen von Ingenieuren in Katastrophensituationen zu genügen).[2]

Signale von den Einschlägen und den Einstürzen in Palisades

Abbildung 1 zeigt die seismischen Signale in Palisades, N.Y. (PAL), von den Einschlägen und den Einstürzen, die nach ihrem Eintreffen zeitlich geordnet sind. Man beachte, daß der Einschlag 1 und der Kollaps 2 sich auf den Nordturm beziehen und der Einsturz 1 auf den Südturm. Die berechneten Ursprungszeiten und die seismische Stärke sind in der Abbildung 1 aufgeführt. Die Ursprungszeiten haben dabei eine Unsicherheit von 2 Sekunden und wurden von den Ankunftszeiten der Rg-Wellen in PAL unter Zugrundelegung eines Geschwindigkeitsvektors von 2 km/s berechnet. Der Einsturz des Gebäudes WTC 7 um 17:20:33 wurde auch aufgezeichnet, ist aber hier *nicht* mit aufgeführt.[3] Es gibt drei weitere kleinere Signale in Abbildung 1 zu sehen, eines um 12:07:38 und eines um 12:10:03 EDT, die von anderen – zusätzlich zu den WTC-Einstürzen – erzeugt worden sein dürften.

Oberflächen-Wellen waren die stärksten seismischen Wellen, die an verschiedenen Stationen beobachtet wurden. Die Anwesenheit von seismischen Körperwellen (*body-waves*) ist für den Kollaps der beiden größten Einstürze (WTC 1 und 2) sogar in Palisades zweifelhaft; sie wurden auch an anderen Stationen nicht registriert. Die lokale Stärke M_L, ähnlich wie jener ursprünglich nach RICHTER für Südkalifornien definierten, aber mit Entfernungskorrektur-Faktoren, wie sie für Nordamerika gelten (KIM, 1998), behandelt, wurde für die beiden Einschläge und die drei größten Kollapse berechnet. Für den ersten und zweiten Einsturz sind die Werte M_L für die Ost-West-Komponente 2,1 bzw. 2,3. M_L ist in der vertikalen (Richtung) um 0,1 bis 0,2 Einheiten klei-

---

[2] Das ist insofern erstaunlich, weil doch sonst Ereignisse beinahe um die halbe Welt registriert und deren Ursachen erschlossen werden. In solcher Nähe und bei vollkommener Kenntnis der Bodenverhältnisse wundert diese ›Unmöglichkeit‹ sehr. Oder sollte man es nicht so genau wissen wollen, weil man mit wissenschaftlicher Expertise ja kaum die offiziellen Lügen-›stories‹ stützen konnte?

[3] Warum eigentlich nicht? – Dieses Gebäude, das sich so gänzlich ohne ersichtlichen Grund in ähnlicher Weise auflöste wie die Türme, soll wohl der Betrachtung – und damit der fragenden Neugierde – entzogen werden.

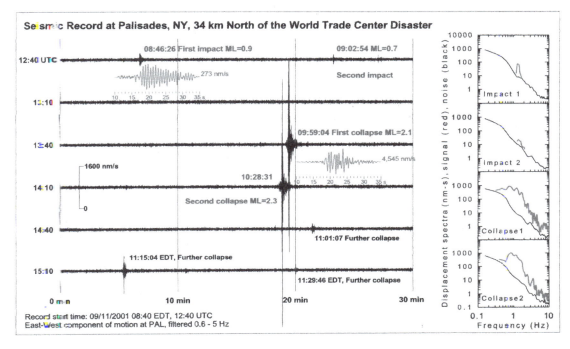

Abbildung 1: Seismische Aufzeichnungen von Ost-West-Komponenten in Palisades von den WTC-Ereignissen am 11. September, Entfernung 34 km. Drei Stunden kontinuierlicher Aufzeichnung der Daten, beginnend um 8:40 EDT (12:40 UTC). Daten wurden 40mal pro Sekunde aufgezeichnet und mit einem Filter für Wellen von 0,6 bis 5Hz Durchlässigkeit behandelt. Die zwei größten Signale stammen von den Einstürzen der Türme 1 und 2. »Eastern Daylight Time« (EDT), d. h. Ortszeit, ist UTC minus 4 Stunden. Die expandierte Ansicht (des seismischen Aufzeichnungsmusters) des ersten Einschlags und des ersten Einsturzes sind in roter Farbe dargestellt. Die Amplituden-Spektren der wesentlichen Einschläge und Einstürze sind rechts in rot in nm-s (Nanometer-Sekunde) dargestellt (schwarz das Rauschspektrum, d. h. der Hintergrund). Die Aufzeichnung (der eigentlichen Ereignisse) erfolgt in einem 14 Sekunden-Fenster, beginnend 17 Sekunden nach dem Entstehen. Man beachte die breitbandige Natur der beiden Spektren des 1. und 2. Einsturzes. Ihre Signale (Profile) sind sehr ähnlich, die beiden Ereignisse haben einen Korrelationskoeffizienten von 0,9.

ner, eine Beobachtung, die wir später mit einer Vielfach-Wege-Ausbreitung in Verbindung bringen.

Das Amplitudenspektrum für die PAL-Daten der Einschläge und die Einstürze ist rechts im Bild 1 angegeben. Die Spektren für den Einsturz 1 und 2 liegen oberhalb des Rauschens[4] im Frequenzbereich von 0,2 bis 10 Hz. Die beiden Spektren sind ähnlich, aber das zweite zeigt eine ausgeprägtere Spitze nahe der 1-Hertz-Frequenz. Die seismischen Signale von beiden Einschlägen sind von relativ periodischen Schwingungen gekennzeichnet, und ihre Spektren sind *nur* im Bereich von 1,3 bis 1,6 Hz oberhalb des Rauschens sichtbar.[5] Jene Frequenzen entsprechen der mehr als 10fachen Frequenz der seitlichen Grundschwingung eines jeden Turmes (des WTC).

Beobachtungen in den mittelatlantischen Staaten und Neu-England

Lamont-Doherty betreibt 34 seismische Stationen in sieben mittelatlantischen Staaten und Neu-England. Das Netzwerk besteht seit den frühen siebziger Jahren, aber seine Stationen, Arten der Aufzeichnung und die Datenübertragung haben sich im Laufe der Zeit verändert. Digitale Daten werden heute über Internet in Echtzeit nach Palisades geschickt. Sie werden mit Daten des US-seismologischen Netzwerks ergänzt. Die modernen Stationen zeichnen über ein breites Frequenzband Daten auf; einige wie PAL erfassen die drei Komponenten der Bodenbewegung,[6] aber andere nur die vertikalen Schwingungen. Informationen über die Stationen und die WTC-Aufzeichnungen sind unter www.Ideo.columbia.edu/LCSN verfügbar. Die Daten wurden an das Rechenzentrum, das Incorporated Research Institute (Vereinigtes Forschungs-Institut) für Seismologie (IRIS) in Seattle, Washington, gesandt.

Seismische Wellen vom Einsturz 2 wurden von zumindest 13 Stationen registriert, deren Entfernung von 34 km bis zu 428 km nach Lis-

---

[4] Rauschen nennt man jene immer als Hintergrund vorhandenen Wellen (Geräusche – *noise*), die oft schwache Signale überdecken. Nur was sich gegen diesen Hintergrund abhebt (hervorsticht), kann beobachtet werden. Die hier genannten Frequenzen bedeuten, daß es sich um langsame Schwingungen 0,2 bis 10 pro Sekunde handelt.

[5] Ob das vielleicht damit zusammenhängt, daß die sichtbaren und von Zeugen berichteten Sprengungen im Inneren des WTC in Sekundenabständen erfolgten?

[6] Dies sind Ost-West-Komponenten, vertikale und horizontale Schwingungen (Rayleigh-Wellen).

bon in NH reichte. Die Stärke des Ereignisses betrug nur 2,3 (nach Richter). Die vorherrschenden Signale bei Entfernungen größer als 200 km stammen von kurzperiodischen Oberflächenwellen, die sich mit einer Geschwindigkeit von etwa 3,5 km/s ausbreiten, der typischen Lg-Gruppengeschwindigkeit, die bei den größten Wellen von Erdbeben im regionalen Umfeld im östlichen Nordamerika beobachtet werden. Diese Beobachtungen werden getrennt veröffentlicht.

Seismische Wellen in der Gegend von Groß-New York

Sechs Stationen innerhalb des Gebietes von Groß-New York (Abbildung 2) registrierten die beiden Einstürze. Die Aufzeichnungen der

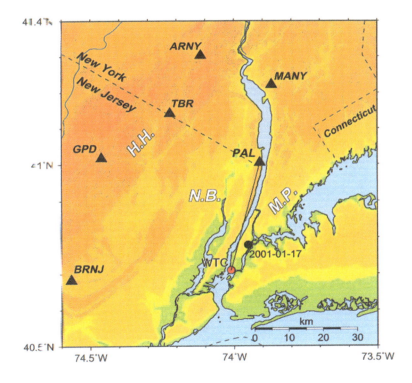

Abbildung 2: Seismographische Stationen und ihre topographische Lage im Großraum New York. Schwarze *Dreiecke* stehen für Stationen, die die WTC-Ereignisse aufgezeichnet haben. Schwarz (Erdbeben vom 17. 1. 2001) bzw. rot ausgefüllte *Kreise* (WTC) stellen das Epizentrum der Beben dar. N.B. bezeichnet das Newark Becken, M.P. Manhattan Prong und H.H. die Hudson Highlands.

vertikalen Komponenten (der Wellen) sind in Abbildung 3 als Auf-
zeichnungsausschnitte, als Zeit-Entfernungs-Diagramm (vom Ursprung) und als Funktion der Ausbreitungsgeschwindigkeit dargestellt. Die gepunktete Linie gibt die Geschwindigkeiten von 1,5 – 2,5
km/s an, wobei eine geradlinige Ausbreitung vom WTC zu den Stationen angenommen wurde. Unähnlich zu Signalen bei entfernten Stationen sind die vorherrschenden Wellen Oberflächenwellen mit kurzer
Periode (etwa 1 Sekunde), genannt Rg, mit einer Gruppengeschwindigkeit zwischen 2,3 und 1,5 km/s. GDP[7] zeichnete nur horizontale
Komponenten auf.

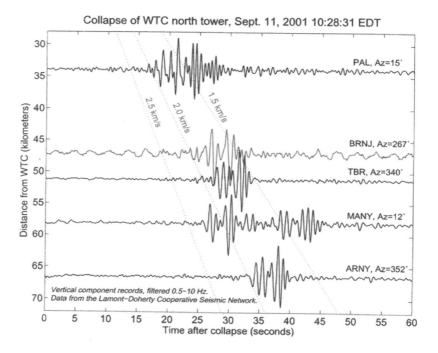

Abbildung 3: Einsturz des WTC-Nordturmes am 11. September 2001,
10:28:31 EDT
Aufzeichnungsausschnitt der vertikalen Komponenten des Seismo-
gramms von Stationen aus Abbildung 2, nach dem Einsturz des WTC-
Nordturmes. Null entspricht der berechneten Ursprungszeit von 10:28:31
EDT. Die Daten wurden mit einem Filter für 0,6 bis 5 Hz Durchlässigkeit
behandelt. Die punktierten Linien zeigen die jeweiligen Ausbreitungsgeschwindigkeiten an.

---

[7] Station im Nordwesten von N.Y.

Relativ einfache und ähnliche Impulse mit einer Dauer von 5 bis 6 Sekunden kommen bei den Stationen BRNJ, TBR und ARNY an, beginnen mit einer Gruppengeschwindigkeit von 2 km/s. Die Wege zu jeder dieser Stationen vom WTC her sind hauptsächlich im Bereich solchen Sedimentgesteins des Newark Beckens (N.B. in Abbildung 2), das nur eine niedrige Ausbreitungsgeschwindigkeit erlaubt, der Gegend mit geringen Erhebungen westlich des Hudson-Flusses und südöstlich der höheren Topographie im Hudson-Hochland (Reading Prong). Da diese Ausbreitungswege die Grenzen des Beckens in einem stumpfen Winkel treffen, sind die Signale an diese Stationen relativ einfach (zu analysieren). Die Signale in LSCT (hier nicht abgebildet), einer Station im Nordwesten von Connecticut, sind auch relativ einfach und stellen die Ausbreitung über eine Entfernung von 125 km dar, die sich völlig in Felsen (-gebieten) mit hoher Ausbreitungsgeschwindigkeit der Manhattan Prong bewegten (M.P. in Abbildung 2). Ihre Gruppengeschwindigkeit beträgt etwa 3 km/s und stimmt mit der Rg-Ausbreitung in diesem schnelleren, alten Terrain überein. *Daher schließen wir, daß die Impulsdauer an diesen vier Stationen hauptsächlich die seismische Energie darstellt, die von den Einstürzen während einer Periode von 5 bis 6 Sekunden erzeugt wurde.*

ANDERSON und DORMAN (1973) beobachteten niedrige Gruppengeschwindigkeiten von Wellen, die von Felssprengungen für Straßen herrührten, die hauptsächlich durch das Newark Becken wanderten, und hohe Ausbreitungsgeschwindigkeiten für Wege innerhalb der Manhattan Prong. Ihre stärksten ankommenden Wellen waren auch die kurzperiodischen Rayleigh-Wellen Rg. Kurzperiodische Rg-Wellen werden nur für Oberflächen- oder sehr nahe der Oberfläche befindliche Quellen angeregt, was für das WTC der Fall war. Da Rg-Wellen sich hauptsächlich in den oberen paar Kilometern der Erdkruste ausbreiten, werden sie von den Gegebenheiten der Felsen in diesen Tiefenbereichen sehr stark betroffen.

ANDERSON und DORMAN beobachteten auch starke seitliche Brechung der Rg-Wellen, die von den Unterschieden der Oberflächen-Felsgesteine an den Grenzen der Felsen mit hoher und niedriger Ausbreitungsgeschwindigkeit der Manhattan Prong und des Newark Beckens verursacht wurde. Wellen, die sich nach Palisades ausbreiteten, folgten Wegen durch beide Gebiete, was zu mehrfachen Ankünften der Rg-Wellenpakete führte. Mit Hilfe von Polarisationsanalysen konnte festgestellt werden, daß einige dieser Wellenpakete von ganz anderen als den direkten Richtungen – wie sie für die gerade Ausbreitung vorhergesagt wurden – ankamen. Seismische Wellen in PAL und

MANY sind auch komplexer als jene der anderen Stationen in Abbildung 3 und wahrscheinlich ein Zeichen für ein Eintreffen von an den beiden Gebieten abgelenkten Wellen. Bei MANY sind die Ankunftszeiten zweier Ankünfte 10 Sekunden auseinander.

Die sich bildende Interferenz von zwei Rg-Phasen in PAL kann eventuell der massiven Ankunft von Ost-West-Komponenten zugeschrieben werden, obwohl der Azimut für den direkten Weg vom WTC nach PAL NNO ist. Wir interpretieren diese nicht notwendigerweise als LOVE-Wellen. Von daher ist auch eine Quelle mit horizontalen Komponenten zu deren Erklärung nicht nötig. (Wir überprüften, daß die Komponenten und Polaritäten der digitalen Daten in PAL korrekt waren, indem wir Aufzeichnungen entfernter Erdbeben, die zeitlich nahe zu den WTC-Ereignissen waren, verglichen.)

Vergleich mit Signalen von Erdbeben, Gasexplosionen und Bergwerks-Einstürzen

Die Signale in PAL vom Einsturz 2 und ein kleineres Erdbeben nahe der Ostseite von Manhattan am 17. Januar 2001 haben eine vergleichbare Amplitude (= Stärke) und M_L (Abbildung 4). Die Charakteristik der beiden Seismogramme ist jedoch sehr unterschiedlich. Klare P- und S-Wellen können beim Erdbeben erkannt werden. Die Tiefe von 7 km des Erdbeben (-ursprungs) unterdrückte die Entstehung von kurzperiodischen Rg-Wellen, die jedoch so bezeichnend für den (WTC-) Einsturz sind. Der Unterschied im Auftreten von höheren Frequenzen kann auch der kurzen Dauer bei einem Erdbeben durch Verrutschen (von Erdschollen etwa) zugeschrieben werden, im Vergleich zu einer zusammengesetzten Entstehungszeit von mehreren Sekunden von einem komplexen System wie den beiden Türmen und deren Fundamenten, die auf die Einschläge und schließlich den Einsturz reagierten. Die Wellen von den WTC-Ereignissen ähneln dem, was von den lokalen Stationen beim Kollaps einer Salzmine im Westen von New York am 12. März 1994 (M_L 3,6) aufgezeichnet wurde. Diese Quellen hatten ebenfalls eine längere (Anregungs-)Dauer als bei einem kleinen Erdbeben. Eine Autobombe im WTC im Jahre 1993, in der etwa 0,5 t Sprengstoff detonierte, wurde seismisch *nicht* entdeckt, nicht einmal von der nur 16 km entfernten Station.

Eine Sprengstoff-Explosion in einem Lager für Benzintanks in der Nähe von Newark NJ am 7. Januar 1983 erzeugte in PAL beobachtbare P- und S-Wellen und kurzperiodische Rg-Wellen (M_L 3). Seine Rg ist vergleichbar mit jener beim WTC-Kollaps 2. Ähnliche Aufzeichnun~er. können wir in der Station AMNH in Manhattan, 15 km entfern:, sehen, die aber nicht mehr länger in Betrieb ist. AMNH zeichnete auch zu jener Zeit ein bedeutsames seismisches Ereignis auf, zu der eine akustische Welle erwartet wurde. Wir kennen aber keine mikro-barometrischen Aufzeichnungen von beiden Ereignissen (in New York), weder von jener Explosion noch von den WTC-Ereignissen. Viele Menschen fragten uns, ob die WTC-Ereignisse, die bei den seismischen Stationen ankamen, sich auch durch die Atmosphäre ausgebreitet hätten. Wir haben keine Beweise dafür, daß sich Wellen mit so geringer Geschwindigkeit ausgebreitet hätten. Statt dessen sind die seismischen Wellen, die von den Einschlägen und Zusammenstürzen des WTC herrührten, kurzperiodische Oberflächenwellen, das sind seismische Wellen, die sich innerhalb der wenige Kilometer mächtigen Erdkruste fortbewegen.

Bedeutung der Ergebnisse für Bedingungen vor Ort

Leider gibt es derzeit keine uns bekannten Aufzeichnungen der Bodenbewegungen vor Ort – nahe dem WTC. Pläne liegen zur Entscheidung bereit, ein ›Modernes Nationales Seismisches System‹ (ANSS) zu schaffen, siehe USGS (1999), das eine verstärkte interurbane seismische Instrumentierung, inkl. New Yorks, beabsichtigt, und die Ereignisse des 11. September zeigen, daß solche Ausstattung manchmal über die reinen Erdbeben-Anwendungen hinaus nützlich sein könnte. Seit den hauptsächlichen Einstürzen war ein wichtiger Gesichtspunkt (aller Fragen), inwieweit starke Erschütterungen die Stabilität der nahen Gebäude gefährdet hätten.

Erdbeben der Stärke M_L 2,3 sind dafür nicht bekannt, irgendwelche Schäden an der Struktur von Gebäuden zu verursachen. In den östlichen Vereinigten Staaten wird der Grenzwert dafür bei M_L 4 bis 4,5 angenommen. Das ist auch wahrscheinlicher, denn die größte Auswirkung auf die Gebäude durch jene Einstürze hatten der herunterfallende Schutt und der Druck der von der Staub und Teilchen befrachteter Luft, die von den herabfallenden Trümmern in Bewegung gesetzt wurde. Es hatte dies, abgesehen von der Temperatur, eine sehr ähnliche Wirkung wie pyroklastische Asche-Ströme,[8] die von den

---

8 Eine Art ›Staublawine‹, die sich mit hoher Geschwindigkeit unter dem Einfluß der Schwerkraft nach unten bewegt. Die dabei in der Luft befindlichen Partikeln sind Grund für das höhere spezifische Gewicht (gegenüber normaler Luft), so daß die Schwerkraft beschleunigend auf dieses Gemisch wirkt und einen sehr starken, orkanartigen Sturm erzeugen kann.

Vulkanen die Hänge herunterströmen. Die seismischen Erschütterungen, die vom Einschlag und dem Einsturz der Türme herrühren, waren wahrscheinlich gering im Vergleich zu jenen anderen energetischen Prozessen.[9] Die folgenden Größenordungsabschätzungen der beteiligten Energien erhärten diese Interpretationen[10].

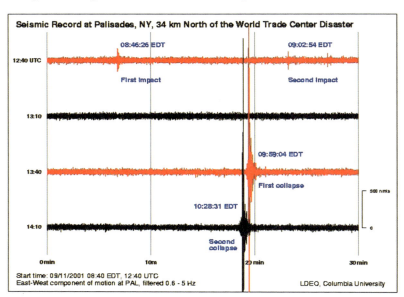

Seismische Aufzeichnungen in Palisades, N.Y., 34 km nördlich der WTC-Katastrophe.

Beginn der Aufzeichnung: 11. 9. 2001, 08:40EDT, 12:40 UTC.

Ost-West-Komponente der Erschütterung in PAL im Bereich von 0,6 – 5Hz gefiltert.

[9] Welchen? – Wenn an anderer Stelle von den hohen Aufschlagsenergien der angeblichen Flugzeuge und der gespeicherten potentiellen Energie der WTC-Massen die Rede ist, diese aber nicht viel zu den seismischen Aufzeichnungen beigetragen haben, wie dies vom Lamont-Doherty-Laboratorium ausgeführt wird, und wenn der Treibstoff im wesentlichen in der Luft verbrannt sein soll? – Hier wird zwar eine wissenschaftliche Abhandlung über Seismologie gemacht, aber nicht das Geringste trägt dazu bei, die offizielle Story zu unterstützen.

[10] Das scheint uns aber keinesfalls so zu sein. Wenn den ›pyroklastischen Staub- und Aschestströmen‹ eine größere Wirkung zugeschrieben wird als der kinetischen Energie herabfallender Massen, ist das wenig einleuchtend. Ebenso ist nicht nachvollziehbar, warum von den riesigen Energien sich so wenig in seismische Wellen umgewandelt haben sollte, wie hier abgeschätzt wurde. Und die Weg-Argumentation von je 50 – 100 t Treibstoff (was nebenbei viel zu hoch angesetzt wurde), der zwar in die Energiebilanz aufgenommen wurde, sich aber dann nur mit einem Millionstel (= ca. 100Gramm!) in seismische Wellen umgesetzt haben soll, zeigt, daß dies eine lächerliche ›Abschätzung‹ ist. Das ist ja jenseits der Genauigkeit einer Apothekerwaage.

Die potentielle Energie aufgrund der Gravitation (Schwerkraft) eines jeden Turmes, die beim Kollaps freigesetzt wird, liegt bei 10^{11} Joule. Die Energie, die von den seismischen Wellen bei einer Stärke von M_L 2,3 mitgenommen (transportiert) wurde, liegt bei etwa 10^6 bis 10^7 J. Daraus folgt, daß nur ein geringer Teil der potentiellen Energie in seismische Wellen umgeformt wurde. Der größte Teil der Energie ging in die Zerstörung der Gebäude und die Umwandlung in Schutt und Staub.[11]

Die Erlebnisse der Menschen in unmittelbarer Nähe der Einstürze – wie von den Medien berichtet – scheinen in voller Übereinstimmung mit der Feststellung zu sein, daß das Erdbeben keinen wesentlichen Einfluß auf den Kollaps und die Zerstörung der umliegenden Gebäude hatte.[12]

Die seismische Energie von M_L 0,7 bis 0,9, die für die Einschläge der Flugzeuge berechnet wurde, ist nur ein winziger Anteil der kinetischen Energie eines jeden Flugzeugs, von etwa $2 \cdot 10^9$ J. Das zusammen mit der Verbrennung von 50 bis 100 t Treibstoff in jedem der beiden Flugzeuge ergibt ungefähr 10^{12} J, von denen das meiste in den großen Feuerbällen (sichtbar in den TV-Bildern) und anschließenden Feuern aufgezehrt wurde, die auch das brennbare Material in jedem Turm in Brand steckten. Weniger als ein Millionstel der im Treibstoff gespeicherten Energie wurde in seismische Wellen umgewandelt.

---

[11] Das ist auch der Befund, den man mit bloßem Auge feststellen konnte: Die beiden Türme wurden buchstäblich in der Luft zu Staub und in feinste Materialteilchen zerlegt. Nur: So fällt kein Gebäude zusammen, das aufgrund einer nicht mehr funktionierenden Statik einfach einstürzt. Man müßte Trümmer am Boden liegend vorfinden, nicht aber noch vor Bodenberührung die Zerstäubung in der Luft – im Fallen. Natürlich ist klar, daß eine derartige Zerlegung in atomistische Bestandteile einen großen Energieaufwand nötig hat: eben Sprengmittel, die dies offensichtlich bewirkten.

[12] In diesem Fall wird deren teilweise völlige Zerstörung noch mysteriöser. Z.B. wurde das WTC 6 vom Nordturm komplett abgeschirmt, als der Südturm kollabierte, also dessen Trümmer dieses Gebäude überhaupt nicht treffen konnten. Aber es kollabierte gerade in diesem Augenblick, als der Südturm einstürzte. WTC 7 fiel überhaupt erst am Abend zusammen – ohne Hinterlassung von Schuttbergen, wie auch beim WTC.

Danksagung

Wir danken den kritischen Lesern W. MENKE und C. SCHOLZ. Wir möchten die Anmerkungen von Terry WALLACE, Mehmed CELEBI und John GOFF dankend anerkennen. Lamont-Doherty Cooperative Seismographic Network (LCSN) ist ein Teil des Modernen Nationalen Seismischen Systems. Wir danken den vielen Personen und Institutionen, die mit uns im Netzwerk zusammengearbeitet haben. Die LCSN- Tätigkeit wird vom US-Geological Survey unter der Grant-Nr. 01-HQ-AG-0317 unterstützt. Lamont-Doherty Earth Observatory Artikel 6267.

Autoren

WON-YOUNG KIM , L. R. SYKES, J. H. ARMITAGE, J. K. XIE, K. H. JACOB, P. G. RICHARDS, M.WEST, F. WALADHAUSER, J. ARMBRUSTER, L. SEEBER, W.X. DU und A. LERNER-LAM, Lamont-Doherty Earth Observatory der Columbia-Universität.

Literaturhinweise

ANDERSON, J., u. J. DORMAN, *Lokale geologische Effekte bei kurz-periodischen RAY-LEIGH-Wellen rund um New York City;* Bull. Seim. Soc. Am., 63, 1487-1497, 1973.

KIM WON-YOUNG, *Die M_L-Skala im östlichen Nord-Amerika,* Bull. Seism. Soc.Am., 88, 935–951, 1998.

US-Geological Survey, *Eine Würdigung seismischer Beobachtung in den Vereinigten Staaten: Anforderungen an ein modernes nationales seismisches System,* US-Geological Survey Circular 1188, 55 S. 1999.

Verfälschte Zeugenaussagen

Im folgenden Abschnitt möchten wir jenen Lesern, die THIERRY MEYSSANS (TM) Buch nicht kennen, einige wichtige Aussagen daraus nahebringen, die einerseits zum besseren Verständnis auch unserer Argumentation dienen, andererseits aber auch die Fragwürdigkeit mancher ›Aufklärungsmethoden‹ beleuchten. Man ist ja geneigt, den ›Augenzeugen‹ oft eine besondere Glaubwürdigkeit zuzugestehen. Wie es damit aber wirklich steht, zeigen insbesondere die von TM zitierten und gegenübergestellten Zeugen bzw. deren Aussagen.

»Die in der französischen Presse angeführten Zeugenaussagen sind *einstimmig*: Alle Augenzeugen – ›Tausende von Menschen‹, behaupten manche[1] – haben gesehen, wie eine Maschine der Fluggesellschaft American Airlines vom Typ Boeing 757-200 gegen die Fassade des Pentagons schlug und in das Gebäude verschwand. Eine gründliche Analyse vom Inhalt der Zeugenaussagen erfordert auch hier mehr Umsichtigkeit. Die in Paris sechs Monate nach den Ereignissen veröffentlichten Berichte weichen oft erheblich von den Originalaussagen ab, die jenseits des Atlantiks sozusagen ›brandaktuell‹ aufgenommen wurden. Die Elemente, die der offiziellen Version zuwiderliefen, wurden ganz einfach verschleiert.«

Immer wenn »Tausende von Menschen« angerufen werden, ist dies ein untrügliches Zeichen dafür, daß oft kaum *einer* tatsächlich als Augenzeuge benannt werden kann. So kritisierte uns ein Gläubiger der offiziellen Parolen etwa: ». . . New Yorker Freunde von mir haben das zweite Flugzeug in den zweiten Turm fliegen sehen. Was glauben Sie wohl, wem Sie mit solchem *Nonsens* dienen und wessen Glaubwürdigkeit Schaden nimmt?«

Dieses Urteil in Ehren. Man fragt sich nur, wie jemand dazu kommen konnte, wo dieser Kritiker zu diesem Zeitpunkt noch nicht in der Lage war, die hier[2] dokumentierten Beweise für die skizzierte Sachlage auch nur zu prüfen. Als (gelernter) Physiker – aber auch mit gesundem Hausverstand – ist man ziemlich fest von kausalen Zusammenhängen und der Herrschaft der Naturgesetze in der realen,

---

[1] »›Extensive Casualties‹ in Wake of Pentagon Attack«, in: *Washington Post* vom 11. September 2001, 16 Uhr 59 (achtundvierzig Journalisten haben zu diesem Artikel beigetragen): http://www.washingtonpost.com/wp-srv/metro/daily/sept01/attack.html

[2] Und im zuvor erschienenen Buch auch nur kennengelernt zu haben.

physischen Welt überzeugt. Eines dieser Gesetze ist zum Beispiel, daß ein fester Körper nicht zugleich an der Stelle eines anderen festen Körpers sein kann. Das heißt: Wenn ein Flugzeug auf die Fassade eines Gebäudes mit relativ hoher Geschwindigkeit auftrifft und in diesem angeblich ein Loch schlägt, in dem es dann verschwindet, kann das Loch nicht kleiner sein als das durch dieses ›geflogene‹ Flugzeug. (Eine Ausnahme gibt es nur beim biblischen Kamel, das – eventuell – eher durch ein Nadelöhr geht, als daß ein Reicher in den Himmel kommt.) Wenn nun das Loch doch kleiner ist, müßten die nicht in diesem ›verschwundenen‹, draußen gebliebenen Trümmer an der Auftreffstelle *sichtbare* mechanische Beschädigungen hinterlassen haben und selbst als Trümmer *außen* abgestürzt oder liegengeblieben sein. Wo und wie kann man mit den Fallgesetzen und dem Gesetz von der Konstanz des Impulses (für das WTC) ziemlich genau berechnen/abschätzen? Wenn sich aus mehreren anderen Aufnahmen des – angeblichen – Anflugs der Einschlagsort im WTC ziemlich genau ermitteln läßt, dieser sich aber *nicht* mit dem Ort der ›nachfolgenden‹ Explosion und dem später sichtbaren Loch in der Fassade deckt, ist dieser Umstand mit Physik und Naturwissenschaft nicht zu erklären, gleich, wie viele ›Zeugen‹ das angeblich selbst gesehen haben. 1 + 1 = 2, selbst wenn eine demokratische Mehrheit ein anderes Ergebnis zum Gesetz erheben sollte.

Eine Cousine, Doktor der Medizin (also nicht ganz naiv), war ebenfalls am 11. 9. in New York und erzählte, *daß sie gesehen hätte. . .* Konfrontiert damit, daß sie – wie Millionen und wir selbst auch – wohl nur die fast gleichzeitig gesendeten *Fernsehaufnahmen* der crashenden Flugzeuge gesehen habe, aber gewiß kein reales Flugzeug, *weil. . .*, hielt sie ihre Behauptung *nicht* mehr aufrecht.

Was jener Kritiker zum ›Beweis‹ seines ›Nonsens‹-Urteils angeboten hatte, nennt man in Gerichtprozessen ›Hörensagen‹ – und dies ist aus guten Gründen unzulässig. Der frühere Präsident der Österreichischen Ingenieurskammer, Baurat DI Walter LÜFTL, ein gerichtlich beeideter Sachverständiger, erklärte einmal den Unterschied zwischen ›Sachbeweisen‹ (= Fakten) und ›Zeugenaussagen‹ (= Meinung, Einbildung, Phantasie, falsche Schlußfolgerungen, zum Teil Lüge bis hin zum Meineid) im wesentlichen damit, daß »Behauptungen von Zeugen, die, nach heutiger Überzeugung der Wissenschaft, mit den Naturgesetzen im Widerspruch stehen, nicht richtig sein können. Daher sind Sachbeweise den Zeugenaussagen bei weitem vorzuziehen«.

Auf dieser Grundlage wird hier die Argumentation geführt, wobei im vorangegangenen Buch auf vier Fünftel des Seitenumfanges vor allem die Motive für ein zweites Pearl Harbor – ebenfalls mit weitgehenden ›Sachbeweisen‹ über die dort zum Ausdruck gebrachte Lagebeurteilung – ausgebreitet wurden, was die These des ›fabrizierten Terroranschlages‹ auch von dieser Seite – *Cui bono?* – untermauert.

Worte lassen sich – wie jedermann bestimmt weiß – auch sophistisch auslegen, also mit ganz gegenteiliger Beurteilung, was ja erklärt, warum es zu ein und demselben Sachverhalt oft gänzlich konträre und sich ausschließende Urteile gibt. Wenn man also fragt, welche Beweise die stärkeren sind, dann sind es immer die Sachbeweise. Wohl aus diesem Grund hatten die F.E.M.A., das FBI usw. es so eilig, gerade diese beiseite zu schaffen und zu vernichten, so daß wir heute mit Fotos – allerdings tausendfach und daher kaum mehr zu beseitigen – vorliebnehmen müssen.

Auf all diese Einwände gegen vermeintliche ›Augenzeugen‹ werden dann aus gänzlich anderen Bereichen angebliche Gründe vorgebracht, die meist in keinem kausalen Zusammenhang mit feststehenden Fakten stehen, und wiederholt, daß »man im übrigen nicht den geringsten Anlaß habe, den Augenschein-Bekundungen seiner New Yorker Freunde zu mißtrauen«. Dieses Vertrauen ehrt solche Freundschaft.

Aber viele Millionen Menschen auf der ganzen Welt müssen wohl der Illusion mit den Flugzeugen aufgesessen sein – auch vermeintliche Augenzeugen. Damit ist ja nicht gesagt, daß alle absichtlich gelogen haben, sondern nur, daß sie wohl einer Selbsttäuschung unterlagen, wenn sie *tatsächlich* glauben sollten, daß sie Flugzeuge gesehen hätten. – Ist denn niemand aufgefallen, daß es praktisch kaum Augenzeugen-Berichte gab? (Erst *ein Jahr später,* und diese offensichtlich gestellt.)

Der Unterschied bei unseren Argumenten ist folgender: Manche Parolen-Gläubige bringen irgendwelche Mutmaßungen vor – sogar mit schlecht recherchierten Fakten oder Dinge, die richtig sein können und die man *nicht* belegen *kann,* und alle möglichen Motive, die aber keine zwingende Kausalkette wie bei physikalisch-naturgesetzlichen Ereignissen darstellen, auf die wir uns vor allem stützen: hier Möglichkeiten unter tausend anderen, da naturwissenschaftlich begründete Analysen der unmittelbar während und nach den Ereignissen aufgenommenen Bilder, und die Erklärung, warum bestimmte behauptete Vorgänge *so nicht gewesen sein können.* Damit bewegt man sich sozusagen auf dem Gebiet des Sachbeweises. Jeder Techniker, aber auch Oberschüler ist in der Lage, diese Analysen nachzuvollziehen, und wird – d. h. muß – zu denselben Ergebnissen kommen. Wo

US-Ingenieure der Untersuchungs-›Kommissionen‹ zu anderen Schlüssen kommen, sind die Fehler und Falschbehauptungen erkennbar – und politisch motiviert (was hier unter anderem bei den Simulationsmodellen der Purdue-Universität auch angesprochen wurde).

All diese Darlegungen nützen freilich nichts, wenn jemand etwas glauben will. Dann sind Gründe störend (». . . um so schlimmer für die Tatsachen!‹), und man beharrt: ». . . von ›Hörensagen‹ kann keine Rede sein. Meine New Yorker Freunde haben wie *Hunderte oder gar Tausende andere Augenzeugen* die zweite Maschine in den zweiten WTC-Turm fliegen *sehen*. Eine ›Illusion‹ ist ausgeschlossen. . .«

Mancher versteht anscheinend den Begriff ›Hörensagen‹ nicht: Er bedeutet, daß etwas, was jemand angeblich wahrgenommen hat, von Dritten weiterberichtet wird. Obige Behauptung drückt nur aus, daß diesem Gläubigen die Berichte seiner Freunde als ›Beweis‹ genügten, ohne zu prüfen, ob der geschilderte Sachverhalt überhaupt so gewesen sein konnte. Als Verstärkung dieses Glaubens wird dann mitgeteilt: ». . . Hunderte oder gar Tausende andere Augenzeugen. . .« – eine Behauptung, über deren Tatsächlichkeit kaum jemand überhaupt in der Lage ist, eine Aussage zu machen oder einen Beweis beizubringen, weil gewiß *nicht einer aus diesen Tausenden bekannt ist oder namhaft gemacht werden kann.*

Auf dieser Grundlage bilden sich jene ›festen Überzeugungen‹, mit denen es den Medien immer gelingt, die Massen zu manipulieren.

Es bleibt dann nur zu schimpfen: ». . . es ist Ihr gutes Recht, sich selbst *lächerlich* zu machen« – aber das ersetzt nicht die Argumente.

Widersprüche

»Die ersten aufgenommenen Zeugenaussagen wurden in einem Artikel der *Washington Post* veröffentlicht, der vom Dienstag, d. 11. September 2001, 16 Uhr 59, datiert ist.[3] Da es sich um die erste Erfassung von Augenzeugen handelt, sind sie wertvolle Dokumente. Die Zeugenaussagen sind möglicherweise noch nicht Gegenstand einer Rekonstruktion gewesen, da sich die mediale Dampfwalze erst in Gang gesetzt hat.«

Was vernehmen wir also? Der Baustellenleiter bei Atlantis Co., Kirk MILBURN: »Ich habe ein Flugzeug gehört. Ich habe es gesehen. Ich habe

---

[3] Guillaume DASQUIÉ u. Jean GUISNEL (Hg.), *L'Effroyable mensonge* [Die furchtbare Lüge], La Découverte, Paris 2002, siehe Rückentext sowie Seite 56: »Tausende von US-Bürgern haben den Crash der Boeing gesehen«.

Bruchstücke fliegen sehen. Ich nehme an, daß es gegen die Straßenlaternen schlug. Das machte Wusch Wusch, dann hat es Feuer und Rauch gegeben, und ich hörte eine zweite Explosion.«

Er erinnert sich besonderer Geräusche und der Explosionen (zwei). Aber wie wollte er »Bruchstücke« gesehen haben – vor dem Crash? Seine auditive Erinnerung ist sehr genau: Die Maschine machte ein besonderes Geräusch, und es gab zwei verschiedene Explosionen.

Der zweite, Steve PATTERSON, ein 43jähriger Graphiker aus Pentagon City, sah etwas von seinem Apartment im 14. Stock vorbeifliegen. Die *Washington Post* zitiert ihn nach TM wie folgt: »das Flugzeug, dessen schrilles Geräusch an einen Jagdbomber erinnerte, flog über dem Friedhof von Arlington so niedrig, daß er dachte, es würde auf der [Autobahn] I-395 landen.« Man beachte hier auch den Wortlaut dieses *WP*-Artikels auf ?? S. 126.

Diese Aussage ist in mancherlei Hinsicht präzise: die Größe des Flugobjektes, der Flugzeuglärm ähnlich dem eines Kampfjets, und daß wegen der hohen Geschwindigkeit die Aufschrift nicht zu lesen war, obwohl er wegen der relativ großen Entfernung (ca. 135 m) das Flugzeug doch eine gewisse Zeit beobachten konnte. TM merkt dazu an: »Seine Zeugenaussage ist präzise und unterscheidet sich deutlich von der offiziellen Version. Sie wundert um so mehr, als sie nicht der Geistesverfassung entspricht, in der er sich zur Tatzeit befand, da er gerade dabei war, sich Fernsehbilder über den Aufprall einer Boeing-Maschine gegen einen der beiden WTC-Türme anzuschauen, was ihn durchaus hätte beeinflussen können. Es handelt sich also nicht einfach um ein geistiges Konstrukt im nachhinein, wie bei zahlreichen Aussagen von Menschen der Fall, die sich zu nah am Pentagon befanden und deren Beobachtungszeit bei eingeschränktem Blickfeld weniger als eine Sekunde betragen hat.«

Was die von TM berichtete Beobachtung betrifft, gibt ja die geometrische Analyse der Flugbahn (aufgrund der Aufnahmen der Überwachungskamera) darüber Auskunft, von welch – *kurzer* – Zeit ausgegangen werden muß. Im übrigen war dieser Zeuge für TM unauffindbar, so daß seine Aussage gegenüber der *Washington Post* nicht hinterfragt werden konnte. Angeblich hat es aber doch wer geschafft: »Er ist für alle unauffindbar, außer für die französische Wochenzeitschrift *Paris-Match*. Einer ihrer Auslandskorrespondenten, Romain CLERGEAT, hat es tatsächlich geschafft, STEVE PATTERSON ausfindig zu machen und ihn zum Reden zu bringen.«

Paris-Match berichtet: »Ich schaute mir die Bilder vom World Trade Center im Fernsehen, als ich vor meinem Fenster ein Flugzeug vorbeifliegen sah. Es flog in so geringer Höhe, daß ich den Eindruck hatte, es würde versuchen, auf der Autobahn I-395 zu landen. Es flog wiederum so schnell, daß ich nicht entziffern konnte, was auf dem Rumpf geschrieben stand. Dann sah ich, wie es in noch niedrigerer Höhe als die Baumwipfel auf das Pentagon zuflog und gegen dieses schlug. Das Flugzeug wurde vom Hochhaus geschluckt, und eine riesige Feuerkugel schoß dann hervor.« In diesem neuen Bericht, der fast wortwörtlich die in der *Washington Post* veröffentlichte ursprüngliche Aussage aufgreift, fehlen zwei Satzteile: Es handelt sich um die Einschätzung, daß im Flugzeug »anscheinend Platz für acht bis zwölf Personen war«, und um den Verweis auf »das schrille Geräusch eines Jagdbombers«.

Dies ist aber die wörtliche Wiedergabe (von allfälligen Übersetzungs-Differenzen abgesehen) des Artikels, den *WP*-Autorin Barbara VOBEJDA am 11. 9, um 16:59 Uhr schrieb und ins Internet stellte. Ist es nicht merkwürdig? Und was sagt *Paris-Match* zur Unauffindbarkeit? TM: »Wir haben beim US-amerikanischen Auslandsbüro von *Paris-Match* nachgefragt, Saveria ROJEK versicherte uns, daß ihr Kollege Romain CLERGEAT die Äußerungen Steve PATTERSONS persönlich aufgenommen habe und daß sie sich die Abweichungen in dieser Zeugenaussage nicht erklären könne. Sie erinnere sich nicht mehr daran, wie man PATTERSON aufgespürt habe, und es tue ihr leid, inzwischen seine Adresse, Telefonnummer usw. verlegt zu haben. Schade. . .

Den Namen PATTERSON haben auch die französischen Tageszeitungen *Libération*[4] und *Le Monde*[5] erwähnt als den Namen eines ›Belastungs‹zeugen gegen Thierry MEYSSAN, ohne jemals auf die grundlegende Abweichung hinzuweisen, die PATTERSONS Aussage gegenüber der offiziellen Version enthält.« Dies ist doch charakteristisch für die medialen Berichte und ›Recherchen‹: Man weiß nichts Genaues, aber es sei persönlich aufgenommen worden usw. Alles verliert sich aber im Nebel. . .

TM fährt fort mit weiteren Augenzeugen der ersten Stunde. »Der dritte, Asework HAGOS, fuhr auf der Columbia Pike und berichtet, ein Flugzeug gesehen zu haben, das sehr tief flog, nahe der umliegenden

---

[4] »Pourquoi la démonstration de MEYSSAN est cousue de très gros fils blancs« [Warum MEYSSANS Beweisführung fadenscheinig ist], in: *Libération* vom 20. März 2002.

[5] »Un avion a bel et bien frappé le Pentagone« [Ein Flugzeug ist wohl gegen das Pentagon geprallt], in: *Le Monde* vom 21. März 2002: http://www.lemonde.fr/article/05987,3236–267442-,00.html

Gebäude. Er gibt auch an, das Logo der American Airlines erkannt zu haben, bevor die Maschine gegen das Pentagon prallte.« – Dieser Mr. A. HAGOS hat also das Logo der American Airlines ›gelesen‹. Das ist ›interessant‹, was man im Auto fahrend lesen kann, vor allem, wenn das Flugzeug dann (aus Gründen, die wir in diesem Buch darlegen) nicht im oder beim Pentagon gewesen sein konnte. Da ist jene vierte Aussage – aus dem Pentagon – schon haltbarer mit den anderen Befunden: Geräusche eines Cruise Missile, Explosion.

Tom SEIBERT, er arbeitet im Pentagon als Netzingenieur: »Wir haben etwas gehört, wie das Geräusch eines Missiles. Dann war ein riesiger Bums zu hören.«

Der Rest sind nur noch nur indirekte Zeugen. Was hier der vorsichtige TM als »schwierig, sich nur anhand dieser Zeugenaussagen eine feste Meinung über die Frage zu bilden« bezeichnet, ist es keinesfalls: Der dritte Zeuge phantasiert (oder lügt), die anderen sind interessant, ja glaubwürdig. Aber das weiß TM natürlich selbst auch, denn er diskutiert gleich anschließend die Schwierigkeiten bei der Aufnahme von Zeugenaussagen (dem *debriefing* im anglo-amerikanischen Sprachgebrauch). Es gilt hier besonders: »Gesagt bedeutet nicht gehört; gehört nicht verstanden; verstanden nicht ›ein‹-verstanden (d. h. damit übereinstimmend).« TM kommt denn auch – psychologisch motiviert – zu folgender Beurteilung:

»Die Aufnahme von Zeugenaussagen ist eine schwierige Aufgabe. . .

Erstens: Ein Zeuge neigt unbewußt dazu, seine Äußerungen dem jeweiligen Gesprächspartner anzupassen und die Version zu bieten, die ihn anscheinend am meisten aufwertet.

Zweitens: Bei sozial oder politisch bedeutsamen Ereignissen wird ein Zeuge dazu neigen, sich nach der betroffenen Sozialgruppe zu richten, zu der er sich gehörig fühlt. Nehmen wir als Beispiel einen Verkehrsunfall, in den ein Autofahrer, ein Radfahrer und ein Fußgänger verwickelt sind. Die ›Autofahrer‹-Zeugen werden dazu tendieren, den Radfahrer oder den Fußgänger zu beschuldigen; die ›Radfahrer‹-Zeugen werden dazu tendieren, den Radfahrer zu entlasten, und die ›Fußgänger‹-Zeugen den Fußgänger.

Zeugen neigen stets dazu, bewußt oder unbewußt, absichtlich oder unabsichtlich eine Version der Geschehnisse zu konstruieren, die ihrer sozialen Rolle entspricht.

Dieses Verhalten, das sich bei jeder Unterhaltung, etwa im Rahmen einer soziologischen oder psychologischen Untersuchung beobachten läßt, ist besonders interessant, wenn es für einen traumatischen

Zwischenfall zutrifft, vor allem, wenn letzterer sich rasch und/oder im Durcheinander abgespielt hat. In dieser Art Situation haben die einzelnen Sinnesorgane des Menschen nämlich nicht immer die Möglichkeit, das Ereignis vollständig wahrzunehmen. Das Gehirn ist es dann, das die verschiedenen wahrgenommenen Elemente kombinieren wird, um eine geistig kohärente Version zu konstruieren. Dieses Phänomen ist unter der englischen Bezeichnung *feed back* bekannt, die ins Deutsche mit ›Rückmeldung‹ übersetzt wird. Es ist ein Reflex. Dieser Reflex ersetzt instinktiv einen vom Sinnesorgan falsch identifizierten Sinneseindruck durch einen anderen, der zum im Gedächtnis gespeicherten Wahrnehmungsschatz gehört. Vernimmt man beispielsweise einen Ton (oder eine Tongruppe) schlecht, so stellt ihn der psycho-auditive Bereich wieder her, indem er ihn durch einen anderen ersetzt, den er kennt. Das gleiche gilt für das Auge. Ein Bild, das zu flüchtig ist, um deutlich gesehen zu werden, wird durch ein anderes ersetzt, auf das der Geist bereits gestoßen ist und das zum visuellen Erfahrungsschatz des Augenzeugen gehört. Hierzu verbindet das Gehirn die einzelnen Sinneselemente (Geräusch, flüchtiges Bild, Umgebung...) miteinander, um im Bruchteil einer Sekunde daraus zu schließen, was er ›gesehen‹ hat. Doch diese Assoziation kann ebensogut Quelle einer Fehleinschätzung sein: Wir erinnern an das Beispiel jenes Rüstungsingenieurs, der noch nie eine Militärdrone gesehen hatte. Als er eine am wolkenlosen Himmel vorbeischießen sah, täuschte er sich und identifizierte sie bezeichnenderweise als ›Mirage 2000‹, einen Kampfflugzeugtyp, den er doch gut kannte und dessen Präsenz an diesem Ort sehr unwahrscheinlich war.«

T M sagt mit anderen Worten, was wir an den Anfang unserer Darlegungen – und auch hier nochmals – hinstellten: daß selbst dort, wo man zu erkennen glaubt, also wo wir uns ›sicher‹ sind, das meiste unbewußt im Kopf dazugegeben wird. Dies gilt um so mehr, als eine Mischung aus Sein und Schein, also tatsächliche Katastrophe beim WTC bzw. Pentagon (Explosion, Brand, Einsturz), mit *virtual reality* aus Hollywood – die in Permanenz zugespielten Fernseh-›stories‹ – zu einem ›Ganzen‹ verrührt wird.

Vorauswissen von Zeugen

Ein weiterer Zeuge, Steve RISKUS, der nach TM zahlreich in der US-Presse zitiert wurde, fuhr auch auf der Autobahn. Selbst wenn der Verkehr zum Erliegen gekommen war, ist man immer noch Verkehrsteilnehmer und achtet auf diesen und weniger auf den Himmel. Er berichtet auch (so *Digipress*), daß er die Nachrichten hörte und daher von der WTC-Ereignissen wußte, als plötzlich »eine ›Boeing‹ vor seinen Augen hervorschoß.[6] Nach einer Überprüfung an Ort und Stelle mußte das Luftfahrzeug das Blickfeld von Steve RISKUS in weniger als zwei Sekunden passiert haben. Die Maschine flog etwa hundert Meter entfernt mit hoher Geschwindigkeit, womit es faktisch unmöglich ist, die Einzelheiten zu registrieren, die am April 2002 in seiner Zeugenaussage so lauteten: ›Ich fuhr auf der Highway 27, das Pentagon lag auf meiner Linken, das Flugzeug schoß von rechts, sehr tief hervor, berührte eine oder zwei Straßenlaternen. Ich hatte solche Angst, daß ich im Auto den Kopf senkte. Es war so nah, daß ich die Farben der American Airlines Blau und Weiß auf dem Rumpf erblickte‹«.

Der Schrecken ist – wegen der Überraschung – durchaus glaubhaft, wie auch sein »eingezogener Kopf«, nur daß man da um so weniger erkennen kann. Die ein oder zwei beschädigten Straßenlaternen waren doch in ziemlicher Nähe des Pentagons, also auch der Zeuge. Damit ist aber das Ereignis so schnell vorbeigehuscht, daß es wohl nicht im mindesten genau zu erkennen war, noch dazu, wo dies in einem spitzen Winkel auf den Beobachter zugekommen sein mußte, wie die Rekonstruktion der Flugbahn ergab.

Ein von *Le Monde* bemühter Zeuge, David WINSLOW, mußte sich aus dem Fenster beugen (vom Lärm aufgeschreckt), um etwas zu sehen. Dann dafür um so mehr.

Hervé KEMPF von *Le Monde* hält ihn für besonders glaubwürdig. Es handelt sich um David WINSLOW, Reporter bei *Associated Press* und wohrhaft in einem zehnstöckigen Hochhaus in der Nähe des Pentagons. Das ist seine Aussage, so wie *Le Monde* sie veröffentlicht hat: »An dem Tag hatte ich frei. Ich schaute im Fernsehen die Bilder von den Anschlägen auf New York. Plötzlich, gegen 9 Uhr 30, hörte ich ein starkes Geräusch von Flugzeugmotoren – ich kenne dieses Geräusch, mein Bruder und ein guter Freund sind Piloten –, das Geräusch wurde immer stärker, ich beugte mich aus dem Fenster und drehte den Kopf nach rechts; ich sah ein riesiges Flugzeugheck vorbeizischen; ich erkannte ein rotes Logo, und dann kam der Knall auf das Pentagon, eine riesige Feuerkugel. Ich bin seit Jahren Journalist. Ich würde es auf mein Leben schwören: Das war ein Flugzeug.«

Die Glaubwürdigkeit begründet Hervé KEMPF damit »Er war erstens

---

[6] »Steve RISKUS: ›Comme dans un dessin animé‹« [Wie in einem Zeichentrickfilm], in *Digipresse,* 22. Mai 2002: http://digipressetmp4.teaser.fr/site/page.php?numart=490&doss=60

Allgemeinjournalist bei *Associated Press*, wo Genauigkeit zur Religion erhoben wird. Zweitens, er befaßte sich nicht mit Militärfragen. Drittens, er hatte ein persönliches Erlebnisfeld bei den Flugzeugen.« Und er fügt hinzu: »Er schaute sich gerade die Bilder vom World Trade Center an, er war also psychologisch bereit, zu sehen, was er zu sehen bekommen würde.«

Nun, zu Pkt. 1 folgendes Zitat: Der US-Journalist John SWAINTON hat seinen Zunftgenossen bereits in den zwanziger Jahren folgendes zugerufen:[7] »Eine freie Presse gibt es nicht. Sie, meine lieben Freunde, wissen das, und ich weiß es gleichfalls. Nicht ein einziger unter Ihnen würde es wagen, seine Meinung ehrlich und offen zu sagen. Das Gewerbe eines Publizisten ist es vielmehr, die Wahrheit zu zerstören, geradezu zu lügen, zu verdrehen, zu verleumden, zu Füßen des Mammon zu kuschen und sich selbst und sein Land und seine Rasse um des täglichen Brotes willen wieder und wieder zu verkaufen. Wir sind Werkzeuge und Hörige der Finanzgewaltigen hinter den Kulissen. Wir sind die Marionetten, die hüpfen und tanzen, wenn sie am Draht ziehen. Unser Können, unsere Fähigkeiten und selbst unser Leben gehören diesen Männern. Wir sind nichts als intellektuelle Prostituierte.«

Zum andern: Da kennt jemand einen, der ein Pilot ist. Es kommt einem so vor, als ob er sich das Mathe-Buch nachts unter den Kopfpolster gelegt hätte und sich einbildet, am anderen Tag die Formeln zu wissen. Und der dritte ›gute Grund‹ – das Auf-die-Situation-eingestellt-Sein ist doch das Erkenntnis- bzw. psychologische Problem, das hier und bei TM angesprochen wurde.

Diese Aussage ist nicht die Lösung, sondern das eigentliche Problem.

Die Wortwahl verrät, was Zeugen nicht sagen wollen: explosive Metaphern…

TM dazu: »Zunächst Joel SUCHERMAN. Von seinem Wagen aus habe er das Flugzeug weniger als 75 Meter vor sich vorbeirasen sehen, bevor es 100 Meter weiter ins Pentagon hineinprallte. Wenn wir annehmen, so wie die offizielle Version es will, daß das Flugzeug mit über 300 Knoten (also mindestens 540 km/h) flog, wird die Maschine diese

---

[7] Zitiert in *Raum & Zeit* Heft 102/99, Jürgen GRAF, *Todesursache Zeitgeschichte*,Verlag Neue Visionen, Würenlos 1995, S. 338; *Nation Europa*, Heft 11/1968.

Entfernung in höchstens 0,75 Sekunde zurückgelegt haben. Vielleicht ein bißchen kurz, um »ein silberfarbenes Flugzeug« wahrzunehmen, »mit den Kennzeichen unterhalb der Seitenfenster, an denen ich merkte, daß es sich um eine Maschine der American Airlines handelte«. Und in bezug auf die Flugbahn des Flugzeugs fügt er hinzu: »Der Pilot des Flugzeugs unternahm nichts, um den Kurs zu ändern. Es flog mit hoher Geschwindigkeit, jedoch nicht in einem steilen Winkel (›*steep angle*‹) – fast wie ein wärmegelenktes (›*heat-seeking*‹) Missile, das auf sein Ziel festgelegt ist und haarscharf auf seiner Flugbahn bleibt (›*staying dead on course*‹).«[8]

Mike WALTER war auch auf der Autobahn in jener Spitzenverkehrszeit, als die Autos kaum noch vorwärts kamen. Er schaut auf einmal aus seinem Fenster und sieht »ein Flugzeug« herannahen, »eine Maschine der American Airlines. Ich habe gedacht: ›Etwas stimmt nicht, sie fliegt zu tief.‹ Und dann habe ich sie gesehen. Ich meine, sie sah aus wie ein Cruise Missile mit Flügeln«.[9] Von *Digipresse* im März 2002 befragt, gab Mike WALTER an, metaphorisch gesprochen zu haben. . . Es bleibt trotzdem dabei, daß die Wahl der Metapher eigenartig ist; zumal es für ihn eine Prinzipienfrage ist: Es kann kein Missile gewesen sein, denn er kann sich nicht »die Möglichkeit eines Komplotts oder irgendeiner Beteiligung des US-Generalstabs oder der US-Regierung an den Anschlägen vom 11. September vorstellen«.

Manche Zeugen berichten, was sie angeblich sahen: eine Boeing der AA, andere die Flugbahn und das auffallende Geräusch, das nicht zu einem Verkehrsflugzeug paßte. Beide Gruppen von ›Zeugen‹ berichten mit einer gewissen Übereinstimmung: die ersten, was die offizielle Propaganda vorkaute, womit sich diese erstaunliche Eindeutigkeit, ja Gewißheit ergab und schnell erklärt ist; die anderen, was nirgends als ›veröffentlichte Meinung‹ bekannt wurde, d. h. entweder wirklich so gesehen oder nur rein erfunden worden sein konnte. Aber auch hier die gleichförmige Feststellung; Cruise Missile, schrille Geräusche eines Kampfjets oder ähnliches. Ein merkwürdiger Zufall – wenn er erfunden worden sein sollte. Und beide Gruppen widersprechen einander, sprich, mindesten eine Gruppe irrt sich (oder lügt). Daß es eher Lüge ist, merkt man an den Ausschmückungen der *Sto-*

---

[8] »Mike WALTER: Ni missile, ni bombe, un avion American Airlines« [MIKE WALTER: Weder Missile noch Bombe, ein Flugzeug von American Airlines], in: *Digipresse* vom 22. Mai 2002: http://digipressetmp4.teaser.fr/site/page.php?numart=492&doss=60

[9] Ebenda.

ries, etwa des Mike WALTER. Er beschreibt, was er nicht gesehen haben konnte; einerseits wegen der Physik (der Naturgesetze), andererseits wegen der geometrischen Optik, weil er kaum dem Flugzeug beim ›Weiterflug‹ ins Innere des Pentagons hatte nachblicken können.

»Nach seiner Erklärung gegenüber CNN gab Mike WALTER zwei neue Versionen vom Aufprall der Maschine auf das Pentagon. Am 21. März 2002 behauptete er bei LCI, daß ›sich das Flugzeug auf der Fassade wie eine Ziehharmonika zusammengezogen hat‹. Einige Tage später erklärte er gegenüber *Digipresse*, daß die Boeing ›ihre Fahrt im Inneren des Pentagons fortgesetzt hat; aber die Flügen sind nicht ins Gebäude eingedrungen‹. Diesem Journalisten zufolge hätten ›sie sich gekrümmt‹. Die Maschine habe sich auch ›aufgelöst‹. Er habe jedoch zahlreiche Bruchteile sehen können.«

Wie die Zeugen ihre Beobachtungen mit den eigenen Vorstellungen abgleichen, zeigt der Zeuge James RYAN.

»James RYAN, 27 Jahre alt, bringt eine noch genauere Version und notiert eine interessante Einzelheit: Als das Flugzeug über ihm fliegt, hört er ›ein seltsames Geräusch, das er auf ein plötzliches Ausschalten der Triebwerke zurückführt. Er hebt den Kopf und sieht in geringer Höhe eine Maschine, die er sofort – sagt er – als eine Boeing der American Airlines identifiziert. Er teilt außerdem mit, daß er das Logo der Fluggesellschaft sieht und daß die Maschine silberfarben ist. Und er behauptet, auch die Seitenfenster zu erkennen. [...] Das Flugzeug fliegt über seinem Auto, und in diesem Augenblick sieht er, wie die Maschine mit den Flügeln schwingt, wie wenn sie sich im Gleitflug befände und dem ›Funkturm gerade ausgewichen‹ wäre – beim Versuch, sich zu stabilisieren. Daraufhin beschleunigt das Flugzeug mit einem schrillen Geräusch und rast geradeaus in Richtung Westflügel des Pentagons‹.[10]

Das Schwingen der Flügel wird mehreren Augenzeugen bestätigt, auch wenn die Erklärungen voneinander abweichen: Afework HAGOS sagt zum Beispiel, daß ›das Flugzeug seine Flügel von oben nach unten neigte (›was tilting its wings up and down‹), wie wenn es seine Balance zu finden versuchte‹[11] bemerkte seinerseits, daß vor dem Aufschlag

---

[10] »JAMES RYAN: ›C'était un cauchemar‹« [JAMES RYAN: Das war ein Albtraum], in: *Digipresse* vom 22. Mai 2002: http://www.digipressetmp4.teaser.fr/site/page.php?numart=488&doss=60

[11] »Everyone was screaming, crying, running. It's like a war zone«, in: *The Guardian,* aaO. »The Pentagon's first heroes in a day of heroes«, in: *DC Military* vom 28. September 2001: http://www.demilitary.com/marines/hendersonhall/639/localnews/10797-1.html

das Flugzeug leicht oszillierte (›*bank slightly*‹)[12]. Mark Bright, Sicherheitsbeamter im Pentagon, vernahm ebenso wie James Ryan eine Beschleunigung (›*power-up*‹) kurz, bevor das Flugzeug gegen das Gebäude schlug.[13]

Wir haben Piloten, die Boeing-Maschinen vom Typ 777 oder 767 fliegen, nach ihrer Meinung gefragt. Alle sind der einmütigen Ansicht, daß das von den Augenzeugen beobachtete Flugverhalten seltsam ist. Es ist zwar möglich, daß eine Boeing-Maschine auf der Achse ihrer Flügel schwingt, um eine Flugbahn anzupassen. Im Falle einer Boeing 757 kann diese Schwingung unmöglich rasch erfolgen, da es sich um ein ziemlich stattliches Luftfahrzeug handelt. Die Flügel von oben nach unten zu neigen, und zwar in der raschen Bewegung, die Asework Hagos beschreibt, ist schwer vorstellbar. Es ist ebenso möglich, die Maschine stark zu drosseln und dann Vollgas zu geben, um die Illusion zu vermitteln, daß man das Triebwerk ausgeschaltet und dann beschleunigt hat. Bei einer Boeing erfordert ein solches Manöver aber mindestens ca. zehn Sekunden, einen Zeitraum, über den James Ryan nicht verfügte. . . Die Zeugenaussagen bezüglich des Geräusches und der Flugbahn stimmen auf jeden Fall völlig mit der Art überein, wie eine Luft-Boden-Rakete in der letzten Phase ihres Flugs fliegt, kurz bevor, sie ihr Ziel trifft.«

Nach diesen zum Teil widersprüchlichen und zum Teil mit bemerkenswerten Details angereicherten Aussagen wird eines klar: Autobomben, Helikopter oder im Sturzflug auf das Pentagon crashende Verkehrsmaschinen kommen nicht in Betracht. Ebenso manche ›Identifizierungen‹, die schon wegen der Kürze der Zeit und des oft ungünstigen Blickwinkels nicht nachvollziehbar sind, womit die bezeugte AA-Boeing ebenfalls ins Reich der Phantasie gehört. Eine Rakete – Cruise Missile – ist aber auch nach den Zeugenaussagen denkbar, ja nimmt man die materiellen Befunde dazu, die einzige Möglichkeit, die sich schlüssig rekonstruieren läßt.

---

[12] »Bush vows retaliation for ›evil acts‹«, in *USA Today* vom 12. September 2001: http://www.usatoday.com/news/nation/2001/09/11/attack-usat.htm

[13] »The Pentagon's first heroes in a day of heroes«, in: *DC Military* vom 28. September 2001: http://www.demilitary.com/marines/hendersonhall/639/localnews/10797-1.html

Die Wirkung einer Hohlladung

Pierre-Henri BUNEL[14] untersucht, welche Art Explosionen im Pentagon stattfanden. Die Ausführungen sind aber so allgemein und präzise, daß sie sich auf jeden anderen Fall, also auf das WTC oder den angeblichen Absturz einer Boeing in Pennsylvania, ebenso anwenden lassen. Für die Analyse standen die Videobilder (Pentagon) vom Einschlag einerseits, wie die Bilder von den hinterher zu beobachtenden Schäden zur Verfügung. (Und dazwischen eine Reihe weiterer, die die Brände zeigten.) Die zu klärende Frage war also, ob der Treibstoff eines Flugzeuges (Kerosin) oder ein Explosivstoff die Brände und Schäden verursachte.

Verbrennung (Deflagration) oder Explosion (Detonation)? Zwischen beiden Arten der ›Verbrennung‹ von chemischen Explosiv- bzw. brennbaren Stoffen (Pulver, Sprengstoff, Kohlenwasserstoffe) besteht ein gravierender Unterschied.

Explosivstoffe setzen Energie durch die Erzeugung einer Schockwelle frei. BUNEL: »Die überaus schnelle Streuung der durch die chemische Reaktion erzeugten sehr großen Gasmenge geht mit einer Flamme, einem Geräusch (verursacht durch die Bewegung der Schockwelle in der Luft) und Rauch einher. Noch bevor die Flamme zu sehen ist, läßt sich häufig eine Dunstwolke beobachten, die auf die Komprimierung der den Explosionsbereich umgebenden Luft zurückzuführen ist. Die Luft kann sich nicht sofort in Bewegung setzen, deshalb verdichtet sie sich unter der Wirkung der Schockwelle. Infolge der Komprimierung der Luftmoleküle komprimiert sich der unsichtbare Wasserdunst, den die Atmosphäre stets mehr oder weniger enthält, und wird sichtbar in Form einer weißen Wolke.«

(Gerade dies hat man beim Südturm gesehen, insbesondere, in jenen *NBC*-Aufnahmen, die dem Einsturz des Südturmes unmittelbar vorausgingen. Auf verschiedenen Etagen brechen weiße Wolken hervor, die sich später grau verfärben. Da sie aus dem Inneren kommen und eine Vielzahl synchroner *kleinerer* Explosionen als Ursprung haben –

---

[14] Pierre-Henri BUNEL ist ehemaliger Schüler des Collège Militaire Saint-Cyr und ehemaliger Artillerieoffizier. Seine Expertisen werden auf folgenden Gebieten anerkannt: Wirkungen von Explosivstoffen auf Menschen und Gebäude, Wirkungen von Artilleriewaffen auf Bedienungspersonal und Gebäude, Brandbekämpfung bei spezifischen Bränden, Wracks und Überreste von zerstörten Flugzeugen. Er nahm unter anderem am Golfkrieg teil, an der Seite der Generale SCHWARTZKOPF und ROQUEJEOFFRE.

mit denen die inneren tragenden Säulen abgesprengt werden –, wird die Blitzerscheinung außerhalb des WTC nicht mehr sichtbar.)

Eine Schockwelle entsteht bei eine Explosion, einer Reaktion, die Gase mit einer mehr oder weniger großen Geschwindigkeit herausschleudert. Je nach ihrer chemischen Struktur und der physikalischen Anordnung ihrer Moleküle prägen die Explosivstoffe den von ihnen erzeugten Gasen eine unterschiedlich große Streugeschwindigkeit auf. Man nennt dies: mehr oder weniger progressiv.

»Die Beobachtung der Schockwelle ist also ein wertvoller Hinweis auf die Geschwindigkeit der durch die Explosion gestreuten Gase. Die Explosivstoffe werden je nach ihrer Progressivität in zwei Gruppen eingeteilt. Wenn die Streugeschwindigkeit der Schockwelle einen Wert von ca. 2000 m/s übersteigt, spricht man von ›detonieren‹. Explosivstoffe, deren Schockwellengeschwindigkeit unter diesem Wert liegen, detonieren nicht, sondern ›deflagrieren‹, d. h., sie brennen ohne Explosion ab. Das ist bei Pulvern oder Kohlenwasserstoffen der Fall.

In einem Verbrennungsmotor – und die Turbine einer Boeing 757 ist ein Motor mit kontinuierlicher Verbrennung – brennt der unter Druck befindliche Brennstoff ab, aber detoniert *nicht*.« Wäre das der Fall, würde dem Motor dem nicht standhalten.

»Kerosin einer abstürzenden Verkehrsmaschine beginnt (eventuell) zu brennen, aber erzeugt meistens nicht einmal eine Deflagration, außer in selten Fällen und auf die Motoren beschränkt. Im Falle der Airbus-Maschine, die im November 2001 in New York abstürzte, sind die Motoren bei der Berührung mit dem Boden *nicht* explodiert. Kerosin ist ein schweres Öl, vergleichbar mit Diesel. . . *Kerosin ist also auf keinen Fall ein Explosivstoff.*«

Damit ist eigentlich schon Wesentliches gesagt. Wenn etwas – obendrein schlecht – nur brennt, sind mechanische Zerstörungen (durch eine Schockwelle einer Explosion) zum Beispiel des auf den Stahlsäulen und -trägern aufgebrachten Feuerschutzes kaum noch zu begründen. Und mit weitgehend intaktem Feuerschutz, jedenfalls dort, wo keine Metallteile des Flugzeugs hingekommen sein konnten, gibt es keinen Grund, daß die Festigkeit des Stahls wegen mangelnden Feuerschutzes in so kurzer Zeit nachgelassen haben sollte.

Zur Farbe der Explosionen sind nicht minder bemerkenswerte Aussagen möglich. »Bei Detonationen bewegt sich die Schockwelle schnell. Erfolgt die Explosion in der Luft und ohne Hindernisse, ist die Flamme blaß gelb im Explosionspunkt. Wenn sie sich vom Nullpunkt entfernt, wird sie orangenfarbig, dann rot. Prallt sie gegen Hindernisse, etwa gegen die Mauern eines Gebäudes, ist der Blaßgelbbereich praktisch nicht zu sehen. Diese Farbe hat eine *kurze* Leuchtdauer. Die Form der Flamme wirkt ›steif‹ – aufgrund der Streugeschwindigkeit. Erst wenn der von der Schockwelle aufgewirbelte Staub durch die plötzliche Temperatursteigerung zu brennen begonnen hat, tritt der Rauch zutage. *Es handelt sich um Brandschwaden, die mit den schweren, schwarzen Rauchwolken von Kohlenwasserstoffbränden wenig gemein haben.*«

Beim WTC-2 sind die ersten Explosionswolken hell, weiß-grau und die Flamme hellgelb, und sie verfärbt sich nach orange. Einen öligen Brand konnte man nicht sehen (wie BUNEL später noch meint).

BUNEL erläutert, daß feste Explosivstoffe eine komplizierte chemische Zusammensetzung haben. Um ihre Wirkung zu kontrollieren, d. h. zu verbessern, gibt man ihnen eine bestimmte physische Form. Man macht davon Gebrauch, daß sich die Schockwelle senkrecht zur Oberfläche ausbreitet. Durch die Formen der Ladungen läßt sich die Schockwelle so orientieren, daß das Höchstmaß an Energie in eine bestimmte Richtung geschickt wird. Es ist ähnlich der Wirkung eines Reflektors, mit dem das Licht eines Scheinwerfers gebündelt wird. So gibt es sphärische Ladungen, deren Schockwelle in alle Richtungen abgeht usw. Flache Ladungen, mit denen Löcher in plane Hindernisse gemacht werden, leisten dies mit einem Minimum an Energieverlust in unnötigen Richtungen. Hohlladungen z.B. konzentrieren die Hauptschockwelle in Form eines Flammenkerns von sehr hoher Temperatur. In diesem Kern befindet sich die Energie, die Panzerungen aus Stahl, Verbundmaterial oder Beton durchbrechen kann.

Das Abfeuern

Sprengstoff, als Waffe[15] betrachtet, muß zum gewünschten Zeitpunkt explodieren. Um die Funktionsweise dem Laien verständlich zu machen beschreibt der Artillerie-Offizier BUNEL, was für die vom Benutzer gewünschte Reaktion nötig ist, u. a. eine gewisse Stabilität des Sprengstoffs. Der Sprengstoff ist zu stabil, um bei einem einfachen Stoß zu explodieren. Um die Reaktion zu initialisieren, muß man die eigentliche Ladung einer Schockwelle aussetzen, die von einem empfindlicheren, aber weniger starken Explosivstoff erzeugt wird, dem

---

[15] In der Militärsprache umfaßt die Munition die Antriebsladung und das Geschoß. Bei kleinkalibrigen Werfern ist die Waffe der Werfer; bei großkalibrigen Waffensystemen ist es das Geschoß. Damit ist die Waffe des Artilleristen die Granate oder die Rakete, und nicht das Geschütz oder die Abschußrampe.

Sprengzünder. Die Sprengladung des Zünders reagiert auf einen Stoß, einen Funken, einen elektrischen oder elektromagnetischen Impuls. Die entstehende Schockwelle ruft dann die Detonation der Hauptladung hervor.

Auf die verschiedenen Systeme, die die Explosion des Zünders steuern, das Abfeuerungssystem, geht hier Bunel nicht weiter ein. Er beschränkt sich auf zwei Systeme, die beim Einschlag auf das Pentagon möglicherweise verwendet wurden: das Abfeuerungssystem für Sprengstoffe, die vom Bediener gesteuert werden, oder die Abfeuerungssysteme für Hohlladung mit sofortigem Aufschlag und kurzer Verzögerung.

Granaten, Bomben oder Flugkörper besitzen ein Sicherheitssystem, das ungeplantes Losgehen des Ganzen bis zur Schärfung verhindert.

Der Auslöser kann durch den Stoß bei Aufschlagsraketen aktiviert werden, durch distanzanzeigendes Radar bei radioelektrischen Raketen, durch die Reaktion auf eine Wärmequelle oder eine magnetische Masse bei thermischen und magnetischen Raketen.

Die Auslösung der Detonation kann sofort oder verzögert erfolgen, so daß die Waffe erst ein paar Millisekunden nach dem Aufschlag detoniert. Im letzteren Fall durchdringt die Waffe mit ihrer Panzerung das Ziel, und die Ladung detoniert erst im Inneren, was die zerstörerische Wirkung verstärkt.

Für besonders starke Befestigungen wurden sogar Waffen mit mehrerer Ladungen entwickelt. Die ersten brechen den Beton, die nächste bzw. die nächsten dringen ein und detonieren. (Eine derartig diabolische Bombe wurde auf einen Schutzbunker in Bagdad im ersten oder zweiten Irak-Krieg gefeuert, wobei die meterdicke Betonpanzerung durchbrochen und die Schutzsuchenden mit der anschließenden Explosion im Inneren getötet wurden.[16] BUNEL: »Die betonbrechenden Ladungen sind meistens Hohlladungen. Der Kern aus Energie und schmelzflüssigen Stoffen bohrt sich durch die Befestigungen und läßt innen heiße Stoffe ausströmen. Diese werden von einer Energiesäule angetrieben, die gleich einer Lochstanze die Mauern durchbohrt. Die von der Detonation der Hohlladung erzeugte starke Hitze führt zum Brand all dessen, was innen brennbar ist.«

---

[16] BUNEL: Im zweiten Golfkrieg haben die Luft-Boden-Raketen oder die ferngelenkten Antibunker-Bomben alle getroffenen Hartbeton-Bunker durchbohrt, unter anderem im Fort As Salmân. Dieselbe Bombe konnte drei Stahlbetonschichten durchbrechen und begann mit der stärksten, der Außenschicht.

Cruise Missile

Um eine derartige Waffe einsetzen zu können, benötigt man eine Abschußbasis. Die Ausgangsgeschwindigkeit solch einer Rakete ist jene des Trägers, also des Flugzeugs/Bombers. Die Waffe steigt im Gleitflug hinab und steuert meistens auf ein laserbeleuchtetes Ziel. Im Falle eines Marschflugkörpers ist die Reichweite viel größer, weil es über einen eigenen Antriebsmotor verfügt.

»Ein Marschflugkörper (Cruise Missile) der letzten Generation absolviert meistens drei Flugphasen. Zunächst der Abschuß, während dessen er beim Verlassen eines Flugzeugladeraums. . . seine Fluggeschwindigkeit erhält. Von einem Motor bei voller Kraft angetrieben, erreicht er seine Reisegeschwindigkeit und entfaltet seine Flügel und sein Leitwerk. Er steigt dann auf seine Reisehöhe. Während dieser Flugphase ändert er oft seinen Kurs, dreht je nach Flugprogramm ab, steigt auf oder ab, um niedrig genug über dem Boden zu bleiben, damit er möglichst unentdeckt bleibt. Man könnte ihn dann mit einem in taktischem Flug befindlichen Kampfflugzeug verwechseln. Er behält diese Flughöhe bis zu dem Augenblick, da er den Eingangspunkt der Schlußphase erreicht. Dieser Punkt liegt in einer bestimmten Entfernung zum Ziel, zwei bis drei Kilometer, je nach Typ. Ab diesem Punkt fliegt die Luft-Boden-Rakete geradeaus Richtung Ziel und erfährt eine starke Beschleunigung, infolge deren sie die größtmögliche Geschwindigkeit bekommt, um das Ziel mit der größtmöglichen Durchschlagskraft zu treffen.

Die Luft-Boden-Rakete muß also den Eingangspunkt der Schlußphase mit großer Genauigkeit erreichen. Es ist auch wichtig, daß sie sich vor der Beschleunigungsphase nicht nur an der richtigen Stelle befindet, sondern auch auf dem richtigen Kurs. Deshalb kommt es häufig vor, daß das Missile seinen Reiseflug mit einer engen Schleife abschließt, damit er zur richtigen ›Ausrichtung‹ gelangt. Ein Beobachter kann feststellen, daß das Missile seine Antriebskraft verringert, bevor er ›wieder Gas gibt‹.«

Was hier der Fachmann erklärte, deckt sich mit den Aussagen mancher Zeugen, das heißt jener, die nicht die Propaganda nacherzählten. Der Marschflugkörper kann auch in dichtbesiedeltem Gebiet lange unbemerkt bleiben, weil er bodennahe fliegt und somit schon wieder weg ist, wenn man etwas gehört haben sollte und aufblickt. Das hochgezogene Geräusch – das Aussetzen und Wieder-Beschleunigen – beim unmittelbaren Anflug auf das Pentagon entspricht der letzten Beschleunigung, wenn diese Rakete aus einer Positionierungsschleife nun den richtigen Einschußwinkel erreicht hat.

Welche Art Explosion war im Pentagon zu beobachten?

»Am 8. März 2002, einen Monat nach Beginn der Polemik im Internet und drei Tage vor Erscheinen des Buches *L'Effroyable imposture*, veröffentlichte *CNN* fünf neue Fotos vom Anschlag.[17] Eine Foto-Agentur hat sie dann weltweit in zahlreichen Zeitungen verbreitet. Diese von einer Überwachungskamera aufgenommenen Fotos habe das Pentagon nicht veröffentlicht, es habe sich begnügt, deren Echtheit zu bestätigen. Auf diesen Fotos sieht man, wie sich die Flamme vom Aufschlag gegen die Fassade des US-Verteidigungsministeriums entwickelt.

Die erste Aufnahme zeigt eine weiße Garbe, die ein weißer Rauch zu sein scheint. Sie erinnert eindeutig an die Verdampfung des Wassers, das in der umgebenden Luft enthalten ist, wenn eine Überschallschockwelle sich in der Atmosphäre detonierend zu entfalten beginnt. Dennoch sind Spuren einer roten Flamme zu erkennen, die für die hohen Temperaturen kennzeichnend ist, die die Luft unter dem Druck einer schnellen Schockwelle erreicht.

Auffallend ist, daß die Schockwelle im Gebäudeinneren startet. Oberhalb des Daches ist der Ausgang der Energiekugel zu sehen, die noch keine Feuerkugel ist. Die Annahme, daß die Detonation eines hochenergetischen Explosivstoffes stattgefunden habe, ist durchaus berechtigt, aber zu diesem Zeitpunkt läßt sich noch nicht ermitteln, ob es sich um eine Ladung mit gezielter Wirkung handelt oder nicht.

Nahe am Boden, vom rechten Bildteil bis zur Basis der weißen Dampfmasse ist eine weiße Rauchspur zu erkennen. Sie erinnert eindeutig an den Rauch, der der Antriebsdüse eines Flugkörpers entweicht. Im Unterschied zu dem Rauch, der aus den beiden Kerosinmotoren austreten würde, ist dieser Rauch eindeutig weiß. Die Turboreaktoren einer Boeing 757 hätten nämlich eine viel dunklere Rauchspur hinterlassen. Schon die Untersuchung dieses Fotos läßt eher an einen einmotorigen Flugkörper denken, der viel kleiner ist als eine Verkehrsmaschine. Aber nicht an zwei Turbotriebwerke General Electric.«

Man müßte noch ergänzen, daß das Pentagon *nicht* alle Aufnahmen der Überwachungskamera freigegeben hat. Ob man auf den unterdrückten Bildern das Flugobjekt erkennen konnte?

---

[17] »Images show September 11 Pentagon crash«, CNN, 8. März 2002: http://www.cnn.com/2002/US03/07/gen.pentagon.pictures
Das Buch von Thierry MEYSSAN, *L'effroyable Imposture*, erschien am 11. März 2002, die deutsche Ausgabe (*Der inszenierte Terrorismus*) im September 2002, im editio de facto, Kassel. BUNELS Aufsatz erschien in: Thierry MEYSSAN (Hg.), *Pentagate*, editio de facto, Kassel 2003.

BUNEL vergleicht dann diese Aufnahme vom Aufschlag auf das Pentagon mit der vom »Aufprall des Flugzeuges gegen den zweiten Turm des World Trade Center«. Er stellt hier eine gelbe Flamme fest, die auf eine »niedrigere Verbrennungstemperatur hinweist«. Sie sei auch »mit schweren, schwarzen Rauchschwaden vermischt«. Solche Schwaden würden durch die Verbrennung von Kohlenwasserstoffen in der Luft hervorgerufen. »Im gegebenen Fall (WTC) handelt es sich um das in einem Flugzeug enthaltene Kerosin. Die Flamme steigt ziemlich langsam vor der Fassade *hinab*, in die das Flugzeug eingedrungen ist, und *wird vom herabfallenden Treibstoff weggetragen.* Dagegen steigt die Flamme der Explosion im Pentagon kräftig aus dem Inneren des Gebäudes. . .«

Gerade dies ist aber auf den Bildern des WTC *nicht* zu sehen. Die Wolke bleibt auf der anfänglichen Höhe stehen, und es wird *kein* brennendes Kerosin unter Einwirkung der Schwerekraft nach unten mitgenommen. Überdies müßte es ja nicht ›an der Fassade‹ sich ›langsam‹ absenken, sondern mit dem Impuls vom Flugzeug in einer parabelförmigen Bahn ziemlich schnell und, was die Fallgeschwindigkeit betrifft, *schneller werdend* nach unten bewegen. Was BUNEL beim Pentagon feststellte, daß keine öligen schwarzen Schwaden an der Fassade zu erkennen waren, trifft auch auf das WTC zu: Man hatte nach wenigen Minuten freien Blick, und weder nach oben schmierten die Ölschwaden und noch weniger nach unten. Es waren keine da. Hier deutet BUNEL die gelbe Flamme mit niedrigerer Temperatur, obwohl er an anderer Stelle den Verlauf mit hellgelb – orange – rot bezeichnete, also mit einer Farbskala nach abnehmenden Temperaturen.

Nochmals BUNEL: »Bei der Gelegenheit möchten wir auf das Aussehen der Rauchwolken (hinweisen), die aus dem *ersten* getroffenen Turm steigen, während sich dort der Brand ausbreitet. Es handelt sich um schwere, fette Rauchschwaden. Was die Spur des Flugzeugs in der Luft betrifft, ist im Gegensatz zu dem Flugkörper, der das Pentagon getroffen haben soll, keine Spur vorhanden, obwohl der Aufschlag gerade stattgefunden hat.« – Keine Spur? – Merkwürdig.

Über den ersten Einschlag haben wir uns weniger verbreitet, weil es kaum ›Beweise‹ – d. h. Bilder – davon gibt. Es ist nur erstaunlich, daß sich BUNEL nicht über den völligen Mangel an Flugzeugtrümmern wundert oder darüber, wie eine so große Maschine in das viel zu kleine Loch hindurchgegangen sein soll. Das von ihm meisterlich beschriebene Ausstanzen einer Hohlladung und ihrer Feuersäule kann ja für ein Verkehrsflugzeug nicht in Betracht kommen.

BUNEL: »Die Aufnahmen (des Pentagon)... entstanden kurze Zeit nach der Explosion. Die Feuerwehrleute sind noch nicht ausgeschwärmt. Auf der oberen ist die Flamme der Explosion ausgegangen. Der vom Explosivstoff angezündete Brand schwelt, und die Flammen sind noch nicht zu sehen, außer in Höhe der Aufschlagsstelle, dort, wo ein roter matter Schein erkennbar ist, in der Achse des senkrechten Trägers des Straßenschilds: Wir befinden uns also nicht in der Situation eines durch eine Verkehrsmaschine hervorgerufenen Brandes, denn das Kerosin hätte sich sofort entzündet. Die Fassade ist noch nicht eingestürzt. Sie weist keine bedeutende mechanische Zerstörung auf, die sichtbar ist, während der Sog die oberen Stockwerke und das Dach bereits erreicht hat.

Auf der unteren Aufnahme, die laut dem Fotographen etwa eine Minute später entstand, werden die im Inneren des Gebäudes durch die Schockwelle angezündeten Brände größer. Der Pfeil zeigt auf ein Loch in der Fassade, durch das man den Herd eines aufsteigenden Brandes sehen kann. Die Fassade ist immer noch nicht eingestürzt, und der ursprüngliche Rauch verzieht sich. Erst nachdem sich die einzelnen Feuer vereinigt und einen einzigen Brand gebildet haben werden, wird stärkerer Rauch aufkommen, dieser wird jedoch nie aussehen wie der Rauch aus dem Brand einer Verkehrsmaschine mit ihren Kerosintanks.«

Nun der Brand des Pentagons, der nach einer Weile zu sehen war, zeigte auch »schwarze« Rauchwolken, denen man aus der Ferne nicht unbedingt ansah, welchen Ursprung sie hatten. Schwarz ist schwarz auf Fotos. Hier interpretiert BUNEL wohl etwas zu viel: »die Fotos... zeigen auffallende Unterschiede zwischen beiden Explosionen. Während die Flamme vom World Trade Center *offensichtlich vom Kerosin eines Flugzeugs stammt*, verhält es sich anscheinend ganz anders im Pentagon. Der Flugkörper, der das Verteidigungsministerium traf, hat auf den ersten Blick mit der Verkehrsmaschine der offiziellen Version nichts zu tun. Man muß aber die Analyse vertiefen und nach Elementen suchen, die die Natur der Explosion im Pentagon möglicherweise bestimmen helfen.«

Aus der Akribie, mit der BUNEL sich dem Pentagon widmet, wird beim WTC ein »offensichtlich«. Wir haben zwar mit großem Nutzen die Darlegungen über Deflagration und Detonation oder die dann folgender Erscheinungen zur Kenntnis genommen, aber in der Anwendung dieser Unterscheidungen kommen wir zu *unterschiedlichen* Ergebnissen – bezüglich des WTC.

Ein Brand von Kohlenwasserstoffen?

Beim Pentagon ist deutlich zu erkennen, daß die Feuerwehr zum Löschen Wasser verwendete Das Wasser fließt aus den Spritzen mit einer weißen Farbe, es enthält also keine Zusätze. Mit anderen Worten: Der Hauptbrand im Pentagon ist kein Kerosin-Brand, es ist auch keine Schaumkanone zu sehen, wie diese bei Flugzeugunfällen typisch ist, auch nicht Werfer für Spezialmittel.

Auf einem Bild sind jedoch Reste von Kohlensäureschaum erkennbar. Nach Zeugenaussagen sei ein in Fassadennähe parkender Hubschrauber, nach anderen Aussagen ein Lastwagen explodiert. Auf einigen Fotos ist rechts von der Aufschlagsstelle jedenfalls ein brennender Lastwagen zu sehen, die Schaumreste sind ziemlich gering.

Der Hauptherd im Inneren des Gebäudes wird mit Wasser bekämpft. Damit wird die allgemeine Temperatur abgesenkt, um den Eintritt ins Gebäude zur punktuellen Löschung einzelner Brände zu ermöglichen.

Für brennende Treibstofftanks würde die massive Anwendung von Spezialmitteln für Kohlenwasserstoffbrände nötig sein, ansonsten benutzen die Feuerwehrleute normales Wasser, weil es die größte Fähigkeit zum Absenken der Temperatur hat. Den sichtbaren Rauch hält BUNEL ganz und gar dem bei einem normalen Brand in einem städtischen Wohnhaus vergleichbar, und zwar sowohl in den Farben als auch im Erscheinungsbild der Rauchschwaden. Ein Vergleich mit dem Rauch, der zur gleichen Zeit aus dem World Trade Center aufsteigt, sei aber *überhaupt nicht möglich.*

Hier bleibt BUNEL jedoch die Begründung für seine merkwürdige Ansicht schuldig.

Die offiziellen Bilder der Fassade

»Während der Einsatz außerhalb des Gebäudes zu Ende war, sind mehrere aufschlußreiche Elemente zu erkennen: Die die Fassade bedeckende Rußmischung erinnert. . ., den der Rauch eines herkömmlichen Brands hinterlassen hätte. Eine weitere ist typisch für den Ruß, den die Schockwelle eines leistungsstarken Explosivstoffs hinterläßt, nicht aber die fettige, dicke Schicht, die ein gewöhnliches Kerosinfeuer absetzt. Die Scheiben wurden durch eine Detonation zerbrochen, und nicht durch einen Brand von Kohlenwasserstoffen zum Schmelzen gebracht, der mehrere Tage angehalten hätte.«

Nun konnte ja nirgends von einer so langen Branddauer die Rede sein, und wieso läßt BUNEL das Glas bei Bränden mit Kohlenwasserstoffen schmelzen? Das sind hier nur Ausschmückungen. Zum Glasschmelzen benötigt man noch sehr hohe Temperaturen 900 bis 1200 Grad, die möglicherweise mit Kerosin gar nicht erreicht werden.

»Das Bemerkenswerte ist, daß nur wenige Scheiben zerbrochen sind. . .

Die Schockwelle zerbrach die Fensterscheiben zu Beginn ihrer Bewegung. Als sie aber durch die Wände der Gänge kanalisiert wurde, nahm sie eine Orientierung ein, die sich nicht mehr so stark auf die Fenster auswirkte. . .

Eine Aufnahme zeigt, daß die vertikalen Stützpfeiler, die zum Teil mit Holzschalungen umgeben sind, offensichtlich im Erdgeschoß erschüttert wurden, das heißt dort, wo die Detonation erfolgte. Sie wurden aber *nicht* zertrümmert, wie das der Fall gewesen wäre, wenn sie durch die Stirnkante der Flügel eines hundert Tonnen schweren Flugzeugs getroffen worden wären. Sie müßten von dem Teil der Stirnkante getroffen worden sein, der sich etwa an der Stelle befindet, wo die Motorengondeln befestigt sind, also an der wohl stabilsten Stelle. Offensichtlich hat kein Flügel gegen diese vertikalen Pfeiler des Betongerippes geschlagen.

Wäre ein Flugzeug gegen das Pentagon geprallt, wie man uns in der offiziellen Version weismachen will, dann hätten die Flügel die vertikalen Pfeiler etwa in Höhe des Bodens, auf dem die Männer stehen, getroffen[18]. Offensichtlich befindet sich der erschütterte Bereich unterhalb, dort, wo die Holzschalungen und die menningefarbigen Stahlstützen zu sehen sind. Das Trägerflugzeug mit der Ladung, die die Pfeiler erschütterte, schlug tiefer, als eine riesige Verkehrsmaschine es getan hätte.«

BUNEL geht hier auch auf die – lächerlichen – Erklärungen einiger ›Experten‹ ein, »denen zufolge »das Pentagon mit überaus stabilen Baustoffen‹ gebaut worden sei. Damit wollte man anscheinend das anfängliche Nicht-Einstürzen der Außenfassade begründen – oder wer weiß was – »aber das Pentagon ist ebenso wenig ein Bunker, wie ein gepanzertes Auto kein Panzer ist«.

---

[18] Diese Mutmaßung ist müßig, denn wenn kein Flugzeug gegen das Pentagon flog, braucht sich BUNEL eigentlich nicht den Kopf zu zerbrechen, wo es eingeschlagen haben müßte.

Eine betonbrechende Hohlladung

Eine der Aufnahmen zeigt ein fast kreisförmiges Loch mit einer schwarzen Spur oberhalb. Das Loch hat ein Durchmesser von ca. 2,30 Metern und befindet sich von der innern Außenfassade des C-Ringes. Angeblich wurde es von der Nase des Flugzeugs gerissen.

Es ist zu absurd, dies überhaupt ernsthaft zu diskutieren. Man versteht gar nicht, daß BUNEL dem auch nur eine Zeile widmete.

Das Aussehen des Lochs in der Mauer erinnert an die Wirkungen panzerbrechender Hohlladungen, die BUNEL so überzeugend geschildert hat.

Kennzeichnen solcher Waffen ist ihr ›Flammenkern‹, eine Mischung aus Gas und schmelzflüssigen Stoffen, die in die Richtung der Geschoß-Achse projiziert werden. Mit einer Geschwindigkeit von mehreren tausend Metern pro Sekunde und bei einer Temperatur von mehreren tausend Grad angetrieben, bohrt dieser Flammenkern Beton auf mehreren Metern Stärke. Er kann somit eine fünfwandige Gebäudemauer problemlos durchbohren. Im Fall des Pentagons fünf Wände von sechs, denn die (äußere) Fassade wurde vom Geschoß selbst – mechanisch – durchbrochen. Die Detonation einer Militärladung erfolgt eigentlich erst, nachdem die Ladung ins Zielinnere getragen worden ist. . .

Der Flammenkern enthält Gase mit hoher Temperatur. Sie verlangsamen sich und halten schließlich an, noch vor dem Lauf der schmelzflüssigen Stoffe. Die heißen Gase verbrennen alles Brennbar in ihrem Lauf.

Die schmelzflüssigen Stoffe reichen also weiter als die Gase; im Pentagon erinnert das Bild an die Wirkung des schmelzflüssigen Kerns am Ende seiner Bahn. Hier ist er zum Stehen gekommen. Die immer noch große Hitze war ausreichend, die Mauer gerade noch oberhalb des Lochs etwas zu schwärzen. An diesem Endpunkt reicht die Temperatur aber nicht mehr aus, um größere Spuren auf dem Beton zu hinterlassen. Die restliche Schockwelle genügte noch, um die Scheiben in unmittelbarer Nähe zu zerbrechen.

Dieses Foto (mit dem 2,3 m-Loch im C-Ring) und die in der offiziellen Version geschilderten Wirkungen bewogen BUNEL zur Annahme, daß »die Detonation, die das Gebäude traf, die einer leistungsstarken Hohlladung war, die bei der Zerstörung von Hartbetongebäuden eingesetzt und von einem Flugkörper, einer Luft-Boden-Rakete, getragen wird«.

Sind Telefongespräche mit Mobiltelefonen aus Flugzeugen möglich?

Ein Mobiltelefon kann nur dann funktionieren, wenn sein Signal von einer in der Nähe gelegenen Relais-Antenne empfangen wird und es sich während einer gewissen Zeitspanne innerhalb der Reichweite dieser Antenne befindet, so daß eine stabile Verbindung zwischen Telefon und Relais-Antenne zustande kommen und aufrechterhalten werden kann. Es war für Mobiltelefonnetzwerke stets ein Problem, eine stabile Verbindung zu Telefonen zu gewährleisten, wenn sich Mobiltelefone zum Beispiel mit hoher Geschwindigkeit – in einem Auto – bewegten. Allgemein bekannt ist auch, daß sie unbenutzbar werden, wenn sie sich mehrere Kilometer oberhalb der (Boden-)Relais-Stationen befinden. Darum kann man aus in großer Höhe fliegenden Flugzeugen mit dem Mobiltelefon *nicht* telefonieren.

Bei den tragischen Geschehnissen des 11. September 2001 erfolgten angeblich zahlreiche Mobiltelefonanrufe aus den – angeblich – entführten Maschinen bei verschiedenen auf der Erde befindlichen Personen.

Von besonderem Interesse ist hier Flug 93 der United Airlines, weil aus diesem Flugzeug – das, wie behauptet wurde, auf einem Feld in Pennsylvania zerschellte – angeblich besonders viele Anrufe zu verzeichnen waren. Dies führt natürlich zu der Frage, wie diese Anrufe überhaupt zustande kamen, wo doch die Maschine zu jenem Zeitpunkt in großer Höhe und mit großer Geschwindigkeit geflogen sein soll.

Prof. Dr. Alexander K. Dewdney[1] hat eine Reihe von Experimenten mit Mobiltelefonanrufen aus Flugzeugen in verschiedener Höhe gemacht, um die technische Möglichkeit zu überprüfen. Diese systematischen Experimente sowie Aussagen von Experten geben eine wissenschaftliche Antwort auf diese Frage.

Seine Schlußfolgerung: Daß solche Telefonverbindungen zustande gekommen sein sollen, ist derart unwahrscheinlich, daß man praktisch von einer ›Unmöglichkeit‹ sprechen kann.

---

[1] Der Verfasser dieser Studie, Prof. Dr. Alexander K. Dewdney, ist emeritierter Professor für Computerwissenschaft an der Universität von Waterloo sowie *Adjunct Professor* für Biologie an der Universität von Western Ontario.

DEWDNEY berichtet über das von ihm durchgeführte Projekt »Achilles« folgendes:[2]

Schlußbericht und Zusammenfassung der Ergebnisse

In den ersten Monaten des Jahres 2003 führte DEWDNEY drei Experimente durch, um zu ermitteln, ob Mobiltelefone von Flugzeugen aus funktionieren, und wenn ja, wie gut. Der erste Flug (Teil 1) war im wesentlichen ein Test der experimentellen Situation, dessen Zweck darin bestand, einige erste Daten zu erlangen und eine einfache, wirksame Arbeitsmethode zu entwickeln. Die Ergebnisse von Teil 2 (Flugzeug: Diamond Katana, Viersitzer) hatte DEWDNEY bereits in einem längeren Bericht vorgelegt; jene von Teil 3 (Flugzeug: Cessna 172-R) folgen unten.

Zusammenfassende Tabelle zu Experiment 2

Höhe (Fuß)	Versuche	Erfolge	Erfolgsquote
2000 ~　650 m	5	5	100 %
4000 ~ 1300 m	5	3	60 %
6000 ~ 2000 m	15	6	40 %
8000 ~ 2600 m	15	2	13 %

Nach Abschluß der Experimente wurden diese Ergebnisse zusammengefaßt und einige Schlußfolgerungen unterbreitet. Diese beruhten teils auf den Experimenten selbst, teils auf... Expertenmeinungen und Augenzeugenberichten... Natürlich wiegen Zeugenaussagen nicht gleich schwer wie Expertenmeinungen oder tatsächliche Experimente, doch im vorliegenden Fall schienen die Augenzeugenberichte in die gleiche Richtung wie die Versuche zu weisen und übereinzustimmen. Man muß hier noch hinzufügen, daß nur Flughöhen bis ca. 2600 m (8000 Fuß) untersucht wurden, eine kommerzielle Verkehrsmaschine jedoch üblicherweise in 10 bis 12 000 m über Grund – also

---

[2] Wir haben die von Prof. DEWDNEY (in Englisch) berichteten Ergebnisse gekürzt zusammengefaßt. Der ausführliche Bericht enthält die technische Beschreibung der verwendeten Mobiltelefone, der benutzten Flugzeuge, der Flugrouten und der Methodik der Versuche, außerdem ein detailliertes Ergebnisprotokoll aller versuchten Anrufe. Interessierte Leser können es vom Autor über E-mail anfordern. Ob und wo dieser Bericht veröffentlicht wird, ist im Augenblick nicht bekannt.

sehr viel höher – fliegt, womit sich die hier schon sichtbare Abnahme der Verbindungswahrscheinlichkeit fast beliebig verringert.

Zusammenfassende Tabelle zu Experiment 3

Höhe (Fuß)	Versuche	Erfolge	Erfolgsquote
2000 ~ 650 m	4	3	75 %
4000 ~ 1300 m	4	1	25 %
6000 ~ 2000 m	12	2	17 %
8000 ~ 2600 m	20	1	5 %

Experimente

Das vorhergehende Experiment, Teil 2 genannt, wies klar darauf hin, daß die Erfolgsquote bei Mobiltelefonanrufen aus Flugzeugen mit steigender Höhe drastisch abnimmt. Es wurde in einem Viersitzer des Modells ›Diamond Katana‹ über der kanadischen Stadt London (300 000 Einwohner), Ontario, durchgeführt. In jener Gegend gibt es rund 35 Relais-Stationen, die über eine Fläche von etwa 25 Quadratmeilen verteilt sind, das heißt, sie sind durchschnittlich ca. eine Meile (= 1,6 km) voneinander entfernt.

Die Flugroute war eine nach oben führende Spirale, bei der alle 2000 Fuß die Höhe (über Grund) festgestellt wurde und sich die Begrenzung der Flugroute mit der des Stadtrandes deckte. Bei jeder Umkreisung versuchte ein erfahrener Experimentator eine im voraus festgelegte Anzahl von Mobiltelefonanrufen durchzuführen, wobei er sich einer Reihe gut aufgeladener Mobiltelefone bediente, die für die heute sowie im Jahre 2001 benutzten Modelle repräsentativ waren.

(Die kanadische Mobiltelefontechnologie ist nicht nur identisch mit der amerikanischen, sondern Kanada braucht auf dem Gebiet der Kommunikationstechnologie den Vergleich mit keinem anderen Land der Welt zu scheuen. In Forschung und Entwicklung ist Kanada eines der weltweit führenden Länder.)

Der Zweck der dritten Phase des Experiments sollte allfällig Effekte eines ›Faradayschen Käfigs‹ – der metallischen Außenhaut eines Flugzeuges – für die Erfolgsquote und Qualität der Anrufe untersuchen. Das Vorhandensein einer Metallhülle um manche elektronische Geräte ändert unter Umständen deren Verhalten, weil eine solche

Hülle Elektronen anziehen und speichern kann, insbesondere mit elektromagnetischen Wellen in Wechselwirkung tritt. Deswegen wurde das Katana-Flugzeug des vorhergehenden Experiments, von dem (wegen der Kunststoff-Außenhaut) allgemein angenommen wird, daß es für elektromagnetische Wellen völlig transparent ist, durch ein Flugzeug mit Aluminiumhülle ersetzt.

Da die (1,5 mm dicke) Hülle der Cessna allem Anschein nach den Ausgang des Experiments kaum beeinflußt hatte, können die Daten der Teile zwei und drei wie folgt miteinander kombiniert werden, um verläßlichere Zahlen (also eine breitere Basis an Versuchsergebnissen) für die beim Experiment verwendete Reihe von Testtelefonen zu erhalten:

Zusammenfassung aller Experimente

Höhe (Fuß)	Versuche	Erfolge	Erfolgsquote
2000 ~ 650 m	9	8	89 %
4000 ~ 1300 m	9	4	44 %
6000 ~ 2000 m	27	8	30 %
8000 ~ 2600 m	35	3	9 %

Obwohl es sich noch nicht sagen läßt, in welchem Umfang sich die wesentlich dickere Aluminiumhülle einer Boeing 700 auf Mobiltelefonanrufe vom Inneren des Flugzeugs auswirken würde, kann ein möglicher Effekt nur in Richtung einer *stärkeren* Abschirmung gehen, weil nur ein verhältnismäßig kleiner Teil der abgestrahlten Sendeleistung durch die kleinen Fenster hindurch geht, der überwiegende aber durch die Metallhaut des Flugzeugs.

Die Chance, daß ein normaler Mobiltelefonanruf aus großer Höhe zu einer Zellanlage durchkommt, erwies sich als geringer als ein Prozent. Dieses Wahrscheinlichkeitsprodukt ist das Ergebnis zweier separater Wahrscheinlichkeiten. Anders gesagt, die Chance, daß zwei Anrufer Erfolg haben, in Verbindung zu treten, beträgt weniger als ein Zehntausendstel. Würden Hunderte Anrufe getätigt, so würden die meisten scheitern. Die Chance, daß auch nur beispielsweise drei durchkommen, ist astronomisch gering (dies kommt daher, weil sich die Wahrscheinlichkeiten multiplizieren). Praktisch bedeutet dies ›unmöglich‹.

Bei *geringeren* Höhen steigt die Wahrscheinlichkeit einer Verbindung von ›unmöglich‹ auf verschiedene Abstufungen von ›unwahrscheinlich‹. Doch hier ist man mit einem anderen Phänomen konfrontiert, das in einem propellerbetriebenen (= langsameren) Flugzeug nicht getestet werden konnte. Bei zum Beispiel 500 Meilen pro Stunde benötigt ein tieffliegendes Flugzeug nur sehr wenig Zeit zum Überfliegen einer jeden Zelle. Wenn beispielsweise eine Zelle (d. h. eine von einer bestimmten Relais-Antenne bediente Fläche) einen Durchmesser von einer Meile aufweist, braucht das Flugzeug zu ihrem Überfliegen maximal bis zu acht Sekunden. Bevor ein Mobiltelefonanruf durchgeschaltet, also durchkommen kann, muß das Gerät einen elektronischen ›Handschlag‹ mit der Relais-Antenne vollziehen, über die der Anruf läuft. Dieser ›Handschlag‹ kann einige Sekunden in Anspruch nehmen, in denen aber das Mobiltelefon bereits wieder in den Bereich der nächsten Relais-Station kommt, die nun ihrerseits eine solche Prozedur initiiert – verbunden mit dem Abbau der noch gar nicht aktiv gewordenen alten Verbindung, da im Flugzeug beim Erreichen die nächste Zelle, der Anruf an die neue ›weitergereicht‹ werden muß.

Dieser Prozeß dauert jeweils einige Sekunden. Die Voraussetzungen für das Zustandekommen und die *Aufrechterhaltung* eines Gesprächs braucht zuviel Zeit, als daß ein solches überhaupt vom sogenannten ›service-provider‹ in die Wege geleitet werden könnte. Nach einigen erfolglosen Versuchen wird früher oder später der Versuch den Anruf durchzuschalten ›aufgegeben‹.

Diese Einschätzung wird sowohl durch Zeugenaussagen als auch durch Expertenmeinungen untermauert, die DEWDNEY in Anhang B seines detaillierten Berichtes wiedergegeben hat. Was sich anhand theoretischer Berechnungen voraussagen läßt und experimentell überprüft wurde, stimmt also mit dem überein, was auch Experten bestätigen

Unter diesen Umständen scheint die Folgerung unabweisbar, daß Mobiltelefonanrufe aus einem rasch fliegenden Flugzeug (aus jeder beliebigen Höhe) gewiß keine größeren Erfolgschancen haben können als solche aus in großer Höhe langsam fliegenden Flugzeugen, das heißt, es ist praktisch nicht möglich, mit dem privaten Mobiltelefon aus dem Flugzeug zu telefonieren. Die angeblichen ›Zeugen‹-Aussagen eines hochrangigen US-Beamten (Mr. OLSON) sind daher unwahr, da technisch unmöglich.

Eine von zahlreichen Experten-Beobachtungen:

»Lieber Herr Professor,

als Antwort auf Ihren Artikel möchte ich meiner Genugtuung darüber Ausdruck verleihen, daß sich jemand mit der nötigen Sachkenntnis die Mühe genommen hat, den Unsinn mit dem 11. September wissenschaftlich zu widerlegen...

Ich reise an jedem Wochenende zwischen zwei großen europäischen Städten hin und her, als sich die Ereignisse in den USA zutrugen. Besonders merkwürdig erschienen mir die Berichte, wonach zahlreiche Passagiere an Bord der entführten Flugzeuge lange Gespräche mit Bodentelefonen geführt haben sollen, wobei sie sich angeblich ihrer Mobiltelefone (und nicht etwa der an Bord befindlichen Satellitentelefone) bedienten. Da ich jedes Wochenende per Flugzeug zu reisen pflegte, ignorierte ich die Sicherheitsvorschriften, welche die Fahrgäste zum Ausschalten ihrer Mobiltelefone anhalten, und versuchte aus purer Neugier, ob ich einen Anruf zustande bringen konnte.

Erstens bricht die Verbindung schon beim Start recht schnell ab (Aufstiegsgeschwindigkeit, seitlicher Empfang von Bodenstationen etc.). Ich schätze, daß die Verbindung ab 500 Meter Höhe nicht mehr klappt.

Zweitens verläuft vor der Landung der Abstieg langsamer, und das Flugzeug hält sich länger im Bereich der Mobiltelefonstationen auf, doch nur in weniger als 500 m Höhe. Ich habe festgestellt, daß, weil sich das Flugzeug sehr rasch fortbewegt, die Verbindung von einer **Zellstation** zur anderen hüpft und einem nie die Chance läßt, wirklich einen Anruf zu tätigen. (Beim Reisen über Land, beispielsweise in einem Auto, habe ich dieses Phänomen niemals bemerkt.) Dann, wenn eine Verbindung zustande gekommen ist, braucht es wenigstens zehn bis dreißig Sekunden, bis der Provider einen Telefonanruf genehmigt. Nach dieser Zeit ist (da die Geschwindigkeit immer noch mehr als 300 km pro Stunde beträgt) bereits die nächste Station erreicht, und das Telefon, das stets nach der besten Verbindung sucht, bricht die eben zustande gekommene Verbindung ab und versucht eine neue Station anzupeilen.

Ich habe dieses Experiment mehr als 18 Monate lang betrieben, so daß Witterungsverhältnisse, örtliche Gegebenheiten oder der Zufall als Faktoren ausscheiden. Die ganze Zeit über ließ sich dasselbe Phänomen beobachten: Von einem Flugzeug aus einen Mobiltelefonanruf zu tätigen, ist unrealistisch und so gut wie unmöglich.

In Anbetracht dieser Fakten kann ich Ihren Schlußfolgerungen nur beipflichten, daß die offiziellen (und vielleicht fabrizierten) Geschichten als Unsinn abgetan werden dürfen.

Mit freundlichen Grüßen

Peter Kes <kpkes@yahoo.com>«

Beitrag zur Wahrheitsfindung

Ein angesehener Medienberater empfahl uns, manche Frage »besser abzuklären«, unseren Zweifel bezüglich der Tatsächlichkeit der Flugzeuge insbesondere. Wir sollten die amerikanische Luftfahrt-Aufsichtsbehörde FAA mit unseren Überlegungen konfrontieren und um Aufklärung bitten. Wir taten dies mit eingeschriebenem Brief mit Rückantwort,[1] und zwar an die FAA, den *Secretary of Transportation* und ebenso an die entsprechenden deutschen Behörden:[2] Bundesministerium für Verkehr, Bau- und Wohnungswesen, das Luftfahrtbundesamt und die Bundesstelle für Luftfahrtuntersuchungen. Einige der Fotos, die das angebliche Verbrechen islamischer Terroristen – den Kamikaze-Anschlag gegen das WTC und Pentagon – beweisen sollten, die auch Gegenstand unserer Untersuchungen waren, lagen den Schreiben als Anlage bei. Die Fragen waren also klar und die Begründung dafür einsichtig, das Auskunftsbegehren nur zu berechtigt.

Aus den USA kam keinerlei Antwort; was wir ehrlich gestanden, auch nicht erwartet hatten. Was hätten uns US-Behörden denn sagen können, außer ihren ›offiziellen‹ Verlautbarungen, die u.A. allesamt falsch sind. Doch kaum das Eingeständnis, daß die eigene Regierung die Hände mit im Spiel gehabt hatte.

Die deutschen Behörden antworteten – formal. Denn eine auf die Fragen eingehende und inhaltliche Antwort kam natürlich auch nicht. Auch sie war nicht zu erwarten, aber die Antwort war dennoch erstaunlich, weil sie gewissermaßen amtlich eine kaum zu überbieten-

---

[1] Federal Aviation Administration, Chief Information Officer, 800 Independence Avenue, S.W., Washington, D.C. 20591
Att.: THE SECRETARY OF TRANSPORTATION
Washington, D.C. 20590
Crash of airplanes into WTC on September 11., dated: Thalheim, 7. May 2003

[2] Luftfahrt-Bundesamt, Flughafen, Postfach 3054, 38020 Braunschweig
K: Bundesstelle für Flugunfalluntersuchung, Hermann-Blenk-Str. 16, 38108 Braunschweig
K: Bundesministerium für Verkehr, Bau- und Wohnungswesen, Dienstsitz Bonn. Z.Hd. Herrn MinDir. Dr. Hans-Jürgen Froböse
Robert-Schuman-Platz 1, 53171 Bonn
Betr.: Widersprüchlichkeiten bei den angeblichen Flugzeug-Crashes am 11. Sept. in N.Y. und Washington, vom 16. Mai 2003.

de Naivität der deutschen Behörden ausdrückte. Man habe auch »keinen Zugang zu Detailergebnissen bekommen«, und so lagen den Behörden »nur die in den Medien publizierten Ergebnisse vor« – an deren Richtigkeit man aber nicht zweifelt. Zusammen mit dem von einem Hamburger Gericht mit der Begründung der »Offenkundigkeit« abgelehnten Beweisantrag (siehe das Kapitel dazu), ergibt das eine eigenartige Mischung: Deutsche Behörden erklären, keinen Zugang zu Detailergebnissen zu bekommen, und ein Gericht, das diese von vornherein gar nicht haben kann, sagt, die Sache sei »offenkundig«.

Man könnte dieses Eingeständnis auch als eine Selbstvorführung ansehen. Als Eingeständnis, daß Deutschland eben tributpflichtiger Vasall der USA ist: »*Protego ergo obligo!*« – Wer ›beschützt‹ wird, hat zu gehorchen. Die Freunde der USA sind die ›Freunde Deutschlands‹, deren Feinde haben also auch die ›Feinde Deutschlands‹ zu sein. Wozu sollte man da genauer hinsehen oder sich gar eine eigene – abweichende – Meinung bilden? Aber der Leser möge sich selbst ein Bild machen. Unser Schreiben (in Deutsch) ist beigefügt (an die FAA und den *Secretary of Transportation* ging ein gleiches in Englisch), ebenso die Antwort des BM für Verkehr.

Dipl. Ing. Gerhoch Reisegger
Ottstorferst. 1
A 4600 Thalheim

Luftfahrt-Bundesamt
Flughafen, Postfach 3054
38020 Braunschweig

K: **Bundesstelle für Flugunfalluntersuchung**
Hermann-Blenk-Str. 16
38108 Braunschweig

K: **Bundesministerium
für Verkehr, Bau- und Wohnungswesen**
Dienstsitz Bonn
Z.Hd. Herrn MinDir. Dr. Hans-Jürgen Froböse
Robert-Schuman-Platz 1
53171 Bonn

Widersprüchlichkeiten bei den angeblichen Flugzeug-Crashes
am 11. Sept. in N.Y. und Washington

Thalheim, 16. Mai 2003

Sehr geehrte Damen und Herren,

ich bitte um Ihre fachkundige Auskunft zu einigen Fragen, die mit den angeblichen Flugzeug-Crashes am 11. September 2001 in New York und Washington zusammenhängen. Analoge Fragen habe ich an die *Federal Aviation Administration* in Washington gerichtet.

Es bestehen begründete Zweifel, daß die Erklärungen, die Medien und (US-)Regierung verbreitet haben, mit den erkennbaren bzw. dokumentierten Ereignissen übereinstimmen können.

1. Wenn ein Flugzeug in ca. 315 m über Grund in das WTC-2 gekracht ist, müßten Wrackteile wegen der Konstanz des Impulses mit etwa gleicher Geschwindigkeit und Richtung weiterfliegen, bis sie unter dem Einfluß der Schwerkraft am Boden einschlagen. Um 315 m im freien Fall zurückzulegen, benötigt ein fallendes Objekt ca. 8 Sekunden. Bei einer Fluggeschwindigkeit von 400–500 km/h, mit der die Boeing eingeschlagen haben könnte, fliegen Trümmer ca. 900 bis 1100 m weit, bevor sie am Boden auftreffen; bei höherer Geschwindigkeit entsprechend weiter.

Es müßten Wrackteile gefunden worden sein, weil nach der Geometrie der ›Einschlagslöcher‹ Teile der rechten Tragfläche überhaupt außerhalb des WTC geblieben sein müssen und weil das rechte Triebwerk im Inneren des WTC keine Hindernisse vorfinden konnte, da die tragenden Strukturen des Kernes nicht im Weg und die Büroflächen frei von Säulen waren. Es müßte daher wie ein Geschoß weitergeflogen und an anderer Stelle der Außenfassade – mit geringfügiger Abbremsung – wieder ausgetreten sein.

Nach den offiziellen Unterlagen – siehe Plan von Manhattan – wurde aber in diesem – ferneren – Bereich überhaupt nicht gesucht. Offenbar, weil man von einem virtuellen Flugzeug natürlich nichts zu finden erwarten konnte.

Wie würden Sie diese physikalische und geometrische Widersprüchlichkeit erklären?

2. Manhattan ist offensichtlich eine ›Flugverbotszone‹. Ein Anflug mit einem Passagierflugzeug auf dieses Gebiet müßte ohne elektronische Hilfen – etwa Peilstrahl –, wie sie bei Flughäfen existieren, erfolgt sein. Bei Beginn des Abstieges ist die Stadt N.Y. noch nicht einmal in Sicht. Das Flugzeug kam – laut Video – in einer engen Steilkurve auf das WTC-2 zugeflogen. Wenn nur Bruchteile von Sekunden die Kurve zu früh oder spät angesetzt worden wäre, müßte das WTC verfehlt wor-

den sein. Wegen der großen Masse und damit eines großen Trägheits-moments sind Korrekturen ›im letzten Augenblick‹ kaum vorstellbar. Wie erklären Sie, daß Laien ohne Navigationshilfen das Gebäude über-haupt treffen konnten und zu einem solchen Manöver – faktisch im Blind-flug – in der Lage sein sollen?

3. Von den Bildern bzw. Videos läßt sich die Flughöhe relativ zum WTC-2 ziemlich genau berechnen. Dabei kann es, wenn es sich um ein *reales* Flugzeug gehandelt hätte, nicht auf den Kamera-Standpunkt ankom-men; die Höhe müßte auf den Bildern in *allen* Fällen die gleiche sein. Das ist aber nicht der Fall. Eine CNN-Serie erlaubt nach diesen Bildern die Einschlaghöhe exakt zu fixieren. Überträgt man die von den CNN-Videos berechnete Einschlaghöhe auf die Bilder, auf denen der Anflug und die nachfolgende Explosion aus anderer Perspektive dargestellt werden, liegt eine offensichtliche Nicht-Übereinstimmung vor. Diese ist so groß, daß sie weit jenseits von Meßungenauigkeiten liegt.

Können Sie meine Überlegungen nachvollziehen, oder im Falle der Nicht-Übereinstimmung mit diesen mir mitteilen, wo ich einen Denk- oder Rechenfehler gemacht habe und mir diesen durch die Ihrer An-sicht nach richtige Berechnung nachvollziehbar machen?

Ich wäre Ihnen sehr verbunden, wenn Sie mir den Eingang meines Schrei-bens bestätigen und mitteilen könnten, *bis wann* ich mit einer *inhaltli-chen* Antwort auf meine Fragen rechnen kann.

Sollte ich innerhalb von drei Wochen weder die eine noch die andere Antwort bekommen, nehme ich an, daß Sie mir keine Auskunft geben wollen bzw. daß meine Überlegungen korrekt sind, Sie diese aber aus – m.A. falsch verstandener – ›Staatsräson‹ nicht bestätigen ›dürfen‹.

Für Ihre Mühe bin ich Ihnen aber dennoch sehr verbunden.

Mit freundlichen Grüßen

Anlagen.

Rechte Seite

oben: Briefverkehr mit FAA und BAmt für Luftfahrt bzw. BMfVerkehr

unten: Faksimile der Aufgabescheine

Bundesministerium
für Verkehr, Bau-
und Wohnungswesen

 Bundesministerium
für Verkehr, Bau-
und Wohnungswesen

Dr. Manfred Wittmann
Referatsleiter

Bundesministerium für Verkehr, Bau- und Wohnungswesen • Postfach 20 01 00, 53170 Bonn

Herrn Dipl. Ing.
Gerhoch Reisegger
Ottstorferst. 1

A-4600 Thalheim

HAUSANSCHRIFT Robert-Schuman-Platz 1, 53175 Bonn
POSTANSCHRIFT Postfach 20 01 00, 53170 Bonn
TEL 0228 300-4870
FAX 0228 300-1454
E-MAIL manfred.wittmann@bmvbw.bund.de
INTERNET www.bmvbw.de

**Widersprüchlichkeiten bei den
Terroranschläge vom 11. Sept. 2001**

Ihr Schreiben vom 16. Mai 2003
LS 17/60.50.00/1R03
Bonn, 13.06.2003

Sehr geehrter Herr Reisegger,

vielen Dank für Ihr Schreiben an Herrn MinDir Dr. Fröböse. Er hat mich gebeten, Ihnen zu
antworten.

Die Untersuchung der tragischen Ereignisse vom 11. September 2001 wurden von den US-
Behörden vorgenommen, wobei die Luftfahrtbehörden in Deutschland – wie in anderen Ländern – keinen Zugang zu Detailergebnissen bekommen konnten. Insofern liegen uns auch nur
die Ergebnisse vor, die in den Medien seinerzeit publiziert wurden. Es sind jedoch bisher keine Tatsachen bekannt geworden, die an der Richtigkeit der allgemein veröffentlichten Vorfälle Zweifel hegen könnten.

Ihre Erwähnung eines „virtuellen Flugzeugs" lässt den Schluss zu, dass Sie den Absturz der
beiden Flugzeuge in das World Trade Center nicht als wirkliches Vorkommnis ansehen.
Ebenfalls ist mir die Absicht Ihres Schreibens nicht klar. Es steht für die Bundesregierung

außer Frage, dass die tragischen Vorfälle mit ihren schrecklichen Folgen tatsächlich statt gefunden haben.

Die von Ihnen aufgeworfenen Fragen sind für die allgemeine Flugsicherheit von keiner Bedeutung, außerdem stehen uns angesichts einer Vielzahl von zu klärenden wichtigen Luft-
fahrtproblemen nicht die Kapazitäten zur Verfügung, Ihre Überlegungen im Einzelnen nachzuvollziehen und nachzuprüfen. Ich bitte Sie deswegen um Verständnis dafür, dass ich auf
Ihre Überlegungen nicht näher eingehe.

Mit freundlichen Grüßen
Im Auftrag

Wittmann

Dr. Wittmann

ADVICE of receipt/of delivery/of entry

Postal administration of origin
Österreichische Post AG

CN 07

Office of posting - Aufgabeamt | Date - Datum

A.R.

On postal service - Postdienst

Stamp of the office returning the advice
Stempel des Amtes, das den Schein zurücksende

Addressee of the item - Empfänger der Sendung

*Bundesamt f. Luftfahrt unters.tech.
38010 Braunschweig*

Priority/By airmail - Priority/Luftpost

Nature of the item - Sendungsart

Return to - Zurücksenden an

To be filled in by the sender
Vom Absender auszufüllen

☒ Priority letter / Prioritybrief	☐ Non Priority Letter / Non Prioritybrief	☐ Parcel / Paket
☐ Registered / Eingeschrieben	☐ Recorded delivery / abgabebestätigung	☐ Insured / Wertangabe

N° of item - Nr. der Sendung | Amount - Betrag

Name - Name oder Firma
REISEGGER GERHOCH

Street and N° - Straße und Nummer
OTTSTORFERST. 1

Locality and country - Ort und Land
4600 Thalheim, Öster.

**To be completed at the point of destination
Am Bestimmungsort auszufüllen**

The item mentioned above has been duly delivered
Übergenannte Sendung wurde ordnungsgemäß ausgefolgt

21.05.03

Date and signature - Datum und Unterschrift

i. A. Schmid

7 663 052 100 00. 2002

Aufgabeschein ✉ Post.at

Der Absender wird gebeten, den stark eingerahmten Teil auszufüllen

Empfänger

Name *Bundesamt f. luftfahrt unters.*
Bestimmungsort Postleitzahl *D-38108*
Wert EUR | Nachnahme EUR
☒ eingeschriebene Briefsendung ☐ Wertbrief ☒ Paket
Aufgabenr. *14797716*
Entgelt EUR
Gewicht

Aufgabeschein ✉ Post.

Der Absender wird gebeten, den stark eingerahmten Teil auszufüllen

Empfänger

Name *Federal Aviation Association*
Bestimmungsort Postleitzahl *20590 Washington*
Wert EUR | Nachnahme EUR
☒ eingeschriebene Briefsendung ☐ Wertbrief ☐ Paket
Aufgabenr. *135 1822 + AT*
Entgelt EUR
Gewicht

Irak: alle Kriegsgründe widerlegt

Saddam HUSSEIN kooperierte *nicht* mit Osama BIN LADEN. Gottes Mühlen mahlen langsam. . . Aber inzwischen sind alle Zweifel beseitigt – und das auch offiziell. Die Lüge mit den Massenvernichtungswaffen zerbröselte ja schon lange, nachdem selbst der oberste Waffeninspektor schon vor Beginn des Überfalls auf den Irak sie als solche öffentlich entlarvte. Was offiziell der angebliche Hauptgrund für den Krieg von Regierung und US-hörigen Medien getrommelt wurde, ist ein Nihil. Nun ist auch die Geschichte von der Zusammenarbeit des SADDAM-Regimes mit Al Qaida widerlegt. Die aufmerksameren Beobachter hatten gerade an diesem Beispiel gesehen, wie mit einer planvollen Medien-Kampagne die ursprünglich in der US-Öffentlichkeit nicht vorhandene Wahrnehmung einer ›Verbindung Irak-Al Qaida‹ innerhalb von wenigen Wochen auf 50 Prozent gepuscht wurde: ein Musterbeispiel der psychologischen Kriegführung. Gerade diese Behauptung – die Baath-Partei des Irak unterstütze den Terrorismus – war noch bis vor wenigen Tagen u. a. von US-Vizepräsident Dick CHENEY der Öffentlichkeit aufgetischt worden.

Jetzt hat jedoch der ›Untersuchungsauschuß 9/11‹ dieser Behauptung widersprochen. Angeblich habe sich Osama BIN LADEN Anfang der neunziger Jahre darum bemüht, mit SADDAM in Verbindung zu treten, es habe angeblich auch im Sudan 1994 Gespräche mit einem »hohen irakischen Geheimdienstmitarbeiter« gegeben, man habe BIN LADEN jedoch »die kalte Schulter« gezeigt. BIN LADEN habe Waffenhilfe erbeten und um Ausbildungsplätze im Irak nachgesucht. Beides sei ihm aber verweigert worden. Damit entfallen nun auch offiziell alle für den Angriff auf den Irak vorgebrachten Gründe.

Arnaud DE BORCHGRAVE schreibt in der *Washington Times:*[1] »200 Mrd. $ später steht BUSH praktisch alleine da, wenn er im Irak den hauptsächlichen Kriegsschauplatz gegen Osama BIN LADENS Terroristen sehen möchte. Die meisten der ursprünglichen Schreibtisch-Strategen der ›Spaziergangs‹-Brigade haben sich aus dem Staub gemacht. Innerhalb der von der Realität umgebenen 61 Quadratmeilen-Zone, auch unter dem Namen *District of Columbia* bekannt [d.h. Washington, dem Regierungssitz], hat das lärmende Zirpen der sich paarenden Zikaden die Kriegs-Falken in die Flucht geschlagen.

Der Autor der globalen Zeitung *Financial Times* Gerald BAKER schrieb: »Es ist schwer jemanden zu finden, der zugibt, den Krieg immer unter-

---

[1] *The Washington Times,* http://www.washingtontimes.com/commentary/20040615-090334-2289r.htm

stützt zu haben. Wenn der Erfolg viele Väter hat, dann ist der Mißerfolg ein Waisenkind, und Washington betreibt zur Zeit die größte Kindesweglegung aller Zeiten.«

Jene, die einmal die Einpeitscher der ›Befreiung‹ des Irak waren, hören nun – höflich und ohne Einwände zu machen – den verschiedenen, das Gesicht wahrenden und die UNO involvierenden Szenarien zu. Eine beschleunigte Übergabe der Souveränität an den Irak scheint ein geringer Preis für die Heimholung der Truppen bis April 2005, dem 2. Jahrestag der Besetzung, zu sein. Die Flutwelle anti-amerikanischer Gehässigkeit, die durch die Folterbilder in Abu Ghraib um die Welt ging, hat den Gipfel überschritten und beginnt sich zu legen. Aber BUSH wird nach wie vor gnadenlos dafür geprügelt, was *Le Monde* eine »außer Kontrolle geratene, mutwillige Hybris« bezeichnet.

Die gemeinsame Linie in den angesehensten Blättern der Welt ist, daß die Besetzung durch die einzige Supermacht der Welt sie geschwächt habe, sowohl innerhalb als auch außerhalb des Irak; daß ihre festesten Allianzen in Brüche gingen und daß ihre Politik von der überwältigenden Mehrheit weltweit abgelehnt wurde. Das vorherrschende Empfinden war dabei eher Mitleid als Ärger (über die USA).

Der Star-Kolumnist der *Financial Times*, Martin WOLF, nach eigener Einschätzung ein »großer Bewunderer« der USA, schrieb, daß »Freiheit und Demokratie im 20. Jahrhundert wegen des amerikanischen Einsatzes und seiner Werte überlebten«, aber nun sieht er »wie die überwältigende Mehrheit der Menschheit«, daß die BUSH-Regierung die Fundamente der US-Macht nicht versteht, die Ziele falsch setzt und unfähig ist, ihre Absichten umzusetzen«. Als Folge davon schließt WOLF: »Die Lage der USA – und des Westens – ist schlechter als vor dem 11. September 2001. Damals sah ein Großteil der Menschheit die USA als Opfer der Gewalt. Heute. . . werden sie als deren Verursacher angesehen.«

Zbigniew BRZEZINSKI schrieb in der jüngsten Nummer der *New Republic* »Amerikas Glaubwürdigkeit hat bei seinen traditionellen Freunden gelitten, sein Prestige ist weltweit gesunken, und die globale Feindschaft gegen Amerika hat einen historischen Höhepunkt erreicht.«

Das sind natürlich auch Zweckmeldungen/-meinungen, und es fällt auf, daß sie wirkliche materielle Gründe für die Ereignisse der letzten Jahre nicht einmal berühren, geschweige denn diskutieren.

Was waren also die Gründe für den Irak-Krieg?

William ENGDAHL schrieb schon im Dezember 2003,[2] daß die »strategische Achillesferse der USA« die schrumpfende Ölfördermenge sei. Die

---

[2] *Zeit-Fragen*, Nr. 48/49 vom 22. 12. 2003

Weltölreserven sind sehr viel geringer, als die Welt annimmt. Die großen Ölfirmen und die USA versuchen dies zu verbergen, aber bedeutende Geologen – das ›French Petroleum Institute‹, die ›Colorado School of Mines‹, die Universität Uppsala oder die Genfer Petroconsultants – sind der Ansicht, daß wir die Auswirkungen der rückläufigen Ölreserven bis zum Ende dieses Jahrzehnts – oder noch früher! – sehr drastisch zu spüren bekommen werden. Entscheidend für diese Zuspitzung der Lage sind nicht die vorhandenen Gesamtreserven, sondern die möglichen Höchstfördermengen. Bei vielen Lagerstätten sind die einmal geförderten Höchstmengen zu einem Bruchteil heute abgefallen: Eines der größten Vorkommen der letzten 40 Jahre, Prudhoe Bay, brachte 12 Jahre täglich 1,5 Millionen Faß Öl, 1989 wurde die Höchstförderung erreicht, heute sind es nur noch 350 000 Faß/Tag. Das größte Ölfeld der Welt, das saudische Ghawar, liefert fast 60 % der Produktion Saudi Arabiens, ca. 4,5 Millionen Faß/Tag. Heute müssen täglich 7 Millionen Faß Meerwasser hineingepumpt werden, um den Ausstoß halten zu können. ENGDAHL sieht darin ein Alarmzeichen für den bevorstehenden Zusammenbruch des größten Öllieferanten der Welt.

Die Problematik der Höchstfördermenge ist den Ölexperten bekannt. Das führende Beratungsunternehmen, Petroconsultants in Genf, veröffentlichte 1995 (!) die Studie »Weltweite Ölversorgung« (*The World Oil Supply*). Der Verfasser, Dr. Colin CAMPELL, sagte 1999 vor dem britischen Unterhaus: »Die Entdeckung von neuen Ölreserven erreichte in den neunziger Jahren den Höhepunkt. *Heute finden wir für vier verbrauchte Barrel ein neues. . .*« Der Studie ist zu entnehmen, daß »die meisten Ölfelder *vor Jahrzehnten* entdeckt wurden«. Die größten Ölkonzerne der Welt haben Hunderte Milliarden Dollar investiert, um neues Öl für den steigenden Bedarf zu finden. Zwischen 1996 und 1999 waren es 410 Milliarden Dollar um die tägliche Fördermenge von 30 Millionen Barrel/Tag stabil zu halten. Nur stabil! 1999 bis 2002 waren es weitere 150 Milliarden Dollar der fünf größten Gesellschaften, und das magere Ergebnis eine Steigerung von 16 auf 16,6 Millionen Barrel/Tag.

Wir haben in unserem Buch *Wir werden schamlos irregeführt!* erwähnt, daß die vermuteten Ölreserven im Kaspischen Becken sich als enttäuschend erwiesen haben (was wohl einer der Gründe für eine relative ›Entspannung‹ gegenüber Rußland gewesen sein könnte). Dort liegen, weiß man inzwischen, nur 4 Prozent der Weltölreserven.

Damit kommt der westafrikanischen Region zunehmende Bedeutung zu – und die USA haben sich auch schon weitgehend festgesetzt: Militärbasen in San Tome und Principe. CAMPELL schätzt die Tiefsee-Ölfelder vor Angola, Nigeria und Brasilien auf etwa 85 Milliarden Barrel, der Weltbedarf von etwa 2 bis 4 Jahren.

Dies ist gepaart mit dem zunehmenden Bedarf Chinas, Indiens und Asiens. Bis 1993 hat China seinen Bedarf selbst gedeckt, heute – 2003 hat es Japan hinsichtlich des Imports von Öl überholt und verbraucht 20 Prozent der Gesamtenergie der OECD-Staaten. Die Einfuhr steigt jährlich um 9 Prozent, und das Wirtschaftswachstum Chinas ist mit 7–8 Prozent jährlich gewaltig, so daß sich die Lage zuspitzen wird; ähnlich ist es in Indien. In beiden Ländern leben 2,5 Milliarden Menschen. Es ist klar, daß China im Sicherheitsrat gegen den Irak-Krieg war, wie es ja schon im Koscvo-Krieg der US-Politik entgegenwirkte (was zum ›irrtümlichen‹ Beschuß der chinesischen Botschaft in Belgrad mit amerikanischen *Cruise Missiles* führte). – *First warning*, sozusagen.

Die prekäre Lage der US- und Welt-Energieversorgung macht nachträglich klar, warum Dick CHENEY, der frühere Chef der weltgrößten Ölfirma Halliburton, einerseits in der Regierung sitzt und hier auch den Vorsitz in einem Sonderdezernat für Energiefragen führt. Und es wird auch verständlich, warum CHENEY – neben Kriegsminister RUMSFELD – eine der treibenden Kräfte zum Irak-Krieg war.

Man erkennt, daß die Anonyma[3] es eilig hat, den ›Sack zuzumachen‹. Denn lange werden der Scheinfriede und die Ruhe – vor dem Sturm – nicht mehr anhalten. Weltwirtschaft und -Finanzsystem (des US-Dollars) sind am Ende, der totale Kollaps nur eine Frage der – kurzen – Zeit.

Einige geradezu beängstigende Nachrichten wurden bis heute (21. Juni 2004) in der deutschsprachigen Presse mit *totalem Schweigen* übergangen (obwohl seit Anfang Juni aufmerksamen Beobachtern bekannt), nämlich daß die USA *nahezu ihre gesamte Träger-Flotte* – zehn von zwölf Flugzeugträgern, von denen einer auf Dock liegt – für angebliche Übungen auslaufen ließen. (Die Flugzeugträger der Marine sind die eigentliche Angriffswaffe der USA.) Eine derartige Massierung der US-Armada hat es, abgesehen von der Invasion in Frankreich, nicht einmal im Zweiten Weltkrieg gegeben!

Wir wissen nicht, was die wahren Gründe für diese Machtdemonstration sind, die eigentlich allein schon eine erpresserische Drohung gegen die ganze Welt ist, aber es ist offensichtlich etwas ›im Busch‹. Unter Umständen könnte es die Inbesitznahme der afrikanischen und saudischen Ölfelder sein, womit klar wird, daß wir den Glockenschlag um 12 Uhr überhört haben, es schon längst fünf nach zwölf ist!

---

[3] Auch wenn es so aussieht, als ob die US-Regierung und Präsident BUSH all dies geplant und veranlaßt hätten, so ist doch klar, daß Hintergrundmächte auch für die Folgen keine Verantwortung übernehmen. In einem Kommentar in der *International Herald Tribune* sprach William PFAFF bezeichnenderweise vom »gekauften Präsidenten«.

Warum ein Nachwort über die Motive?

Diese wirtschaftliche und geopolitische Analyse aufgrund der jüngsten Entwicklungen und der zum Teil kaum bekannten Berichte hat mit dem Anliegen unseres Buches, die angeblichen Beweise für den Terroranschlag des 11. September wissenschaftlich zu untersuchen, nichts zu tun.

Dieses Kapitel haben wir dennoch angefügt, weil es für viele Leser immer noch völlig unglaublich klingt, daß die USA hier selbst die Hand im Spiel gehabt haben könnten. Zwar sind die dargelegten Methoden und die damit gewonnenen Erkenntnisse zwingend, wenn man die hier verwendeten Sätze der Physik, Geometrie und Mathematik als richtige naturwissenschaftliche Erkenntnisse akzeptiert, aber weil viele die Motive für ein solches Verbrechen nicht erkennen (können), sträubt sich bei ihnen alles, die von uns gezogenen Schlüsse anzunehmen. Eher müssen die Gesetze der Mathematik und Physik ›falsch‹ sein, als daß man ein so unerhörtes Staatsverbrechen für möglich hält.

In einem Verfahren vor der ›Kleinen Strafkammer 5‹ des Landgerichts Hamburg wird gegenwärtig ein Fall verhandelt, zu dem Horst MAHLER ein druckfrisches Exemplar der ersten Auflage dieses Buches zur Erläuterung des Beweisantrages beilegt. Die *Stimme des Gewissens* (LSI) 3/2004 schreibt dazu unter dem Titel »Hurra! Wir haben wieder eine neue Offenkundigkeit«: »Darin wird mit naturwissenschaftlicher Präzision der Nachweis geführt, daß die von CNN ausgestrahlten und von allen Fernsehstationen der Welt übernommenen Videoaufzeichnungen verfälscht sind. Allen, die den Ausführungen MAHLERs folgten, war klar: Wenn die durch naturwissenschaftliche Bildauswertung gewonnenen Befunde REISEGGERS nicht zu erschüttern sind, steht die Welt kopf.

Diese Nummer ist für Richter RANDEL zu groß. Er ist nicht der Held, der seinem Eide treu bleibt, auch wenn ihm das den Kopf kostet. Er ähnelt eher jenem Großinquisitor, der im Ketzerprozeß gegen Galileo GALILEI das Anerbieten des Angeklagten, sich vermittels eines Teleskops von der Richtigkeit seiner Berechnungen zu überzeugen, ausschlug mit der Bemerkung, daß der Augenschein die Heilige Schrift nicht widerlegen könne.

Da über die Ereignisse des 11. 9. 2001 in den Medien, sprich in Rundfunk, Fernsehen und Presse, ausführlich und für jeden nachvollziehbar berichtet worden sei, könne – so urteilt Richter RANDEL – für einen verständigen Menschen kein Zweifel daran bestehen, daß die offiziellen Erklärungen zum 11. September 2001 der Wahrheit entsprechen. . .«

Es ist notwendig, in einem eigentlich reinen Fakten-Buch auch über die Motive ein paar Worte zu sagen, um die verständlichen inneren Widerstände überwinden zu helfen. Denn es wäre gut und *not*-wendig – die Not (ab-)wendend –, wenn wir wieder den Tatsachen ins Auge sähen und unsere Ordnung wieder auf verläßliche Grundlagen stellten.

Personenverzeichnis

GERHOCH REISEGGER

Selbständiger Unternehmensberater, zuvor Geschäftsführer eines Informatik-Unternehmens, Marketing-Direktor der österreichischen Tochter eines US-Computer-Konzerns. Reserveoffizier des österreichischen Bundesheeres. Studium der Physik an der Technischen Universität Wien. Langjährige Auslandstätigkeit in der Informatik-Branche.

Seit Jahren publizistische und Vortragstätigkeit zu wirtschafts- und geopolitischen Themen, u.a. internationaler Kongreß der Russischen Akademie der Wissenschaften über die »geopolitische Lage 10 Jahre nach dem Zusammenbruch der Sowjetunion« (2001), internationaler Kongreß über »Globalisierung und Probleme der neueren Geschichte« in Moskau (2002), und anläßlich verschiedener, von Synergon veranstalteter Sommer-Universitäten. Mitgestaltung eines Symposiums an der Universität der heiligen Cyrill und Method in Thyrnau/Trnava, »Mitteleuropa, die Europäische Union und die Globalisierung«, November 2000.

Beiträge sind in verschiedenen Periodika erschienen, in München, Graz, Wien, Berlin, Ober-Österreich, Belgrad, Sofia, Brügge, Moskau; verschiedene Buchbeiträge.

Gründung der Johann Heinrich von Thünen-Gesellschaft Österreich zur Förderung neuer Ansätze in Land- und Forstwirtschaft und der Nationalökonomie, Obmann der Gesellschaft seit 1996.

In den vergangenen Jahren mehrere Studienreisen nach Mazedonien, Serbien, Kroatien, Bosnien-Herzegowina, Slowakei, Ungarn, Griechenland. Beschäftigung mit den politischen und ökonomischen Fragen des Balkans und Osteuropas.

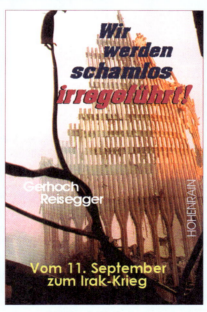

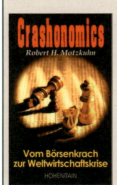